公共经济与公共管理评论

PUBLIC ECONOMICS & ADMINISTRATION REVIEW

2021年卷

浙江财经大学东方学院公共经济与公共管理研究中心　编

经济管理出版社
ECONOMY & MANAGEMENT PUBLISHING HOUSE

图书在版编目（CIP）数据

公共经济与公共管理评论. 2021年卷/浙江财经大学东方学院公共经济与公共管理研究中心编. —北京：经济管理出版社，2022. 12

ISBN 978-7-5096-8900-4

Ⅰ. ①公… Ⅱ. ①浙… Ⅲ. ①公共经济学—文集 ②公共管理—文集 Ⅳ. ①F062. 6-53 ②D035-53

中国版本图书馆 CIP 数据核字（2022）第 249869 号

责任编辑：张莉琼
助理编辑：詹　静
责任印制：许　艳
责任校对：陈　颖

出版发行：经济管理出版社
　　　　　（北京市海淀区北蜂窝 8 号中雅大厦 A 座 11 层　100038）
网　　　址：www. E-mp. com. cn
电　　　话：（010）51915602
印　　　刷：唐山玺诚印务有限公司
经　　　销：新华书店
开　　　本：787mm×1092mm/16
印　　　张：13. 5
字　　　数：229 千字
版　　　次：2022 年 12 月第 1 版　　2022 年 12 月第 1 次印刷
书　　　号：ISBN 978-7-5096-8900-4
定　　　价：68. 00 元

目　录

我国兜底保障支出的适度规模分析

李媛媛[*]

摘要 兜底保障支出是"托底线"的社会救助支出，适度的支出规模需要既能实现兜底功能又能防止救助对象福利依赖的基本要求。本文运用巴罗模型的自然效率原则将财政支出纳入内生增长模型，应用柯布-道格拉斯生产函数将财政支出进一步分解为兜底保障支出和其他财政支出两类，从而推导出兜底保障支出适度规模的回归模型，使用回归分析的方法，得到对我国以及东部、中部、西部和东北地区 2007~2020 年兜底保障支出的适度规模估算的结果。估算结果显示：我国目前兜底保障实际支出规模趋于合理，没有突破适度规模阈值，换句话说，这意味着财政支出水平的适应性仍可进一步提高。

关键词 兜底保障；社会救助；适度规模

一、兜底保障的界定

Walker（2005）将社会政策按照配置方式分为三种：第一种是普惠型社会项目，如社会养老金、公共教育、公费医疗、儿童抚养金等，该类项目不考量受益者的收入水平，旨在为所有国民提供一种平等的福利，有学者称其为"地板型福利"。第二种是家计调查型社会项目。这类项目在世界各国通常被称为"社会救助"，旨在为那些有特定需要的人提供财务援助，但在援助之前需要对受益者进行资格审查。政策对象主要是：低收入者、贫困者、"脆弱群体"或"弱势群体"。政策类型主要有：最低生活

---

* 作者简介：李媛媛，浙江财经大学东方学院副教授。

保障金、医疗救助、教育救助、交通救助、住房保障、孤儿福利项目、残障人士福利项目、公办养老院等。第三种是社会保险项目。社会保险项目只为参保者分担风险，其给付金额取决于参保者的缴费水平和时间。在三种配置机制中，社会政策支出的受益人分别通过三种路径获得给付：①公民权路径，即公民均享有获取国家福利的平等权利；②家计调查型路径，即符合特定资格审查标准（一般是家庭收入和资产）的公民或居民才有权获得相应的公民救助；③保险参保路径，即只有参保者才能在满足既定给付条件的情况下获取相应的保险给付。世界银行将家计调查型社会项目看作是"安全网项目"，即意味着从现有的社会政策理论来看，"兜底保障"是以贫困人群、弱势群体为保障对象，以现金补助为主要手段的一类社会福利政策（见表1）。

表 1 三种社会福利政策配置机制

	普惠型	家计调查型	社会保险
对象	所有国民	贫困、弱势群体	参保人
受益路径	公民权路径	家计调查型路径	保险参保路径
主要项目类型	社会养老金 公共教育 全民公费医疗	最低生活保障金 医疗救助 教育救助 交通救助 住房保障 孤儿福利项目 残障人士福利项目	社会医疗保险 社会养老保险 长期护理保险
我国现有福利支出的框架性拆分	社会保障与就业支出 财政性教育支出 财政性医疗卫生支出	民政事业支出 住房保障支出	社会保险基金支出

资料来源：根据顾昕的《公共财政转型与社会政策发展》第 114、122 页改编。

从我国的实践来看，"兜底保障"出自 2018 年《中共中央　国务院关于打赢脱贫攻坚战三年行动的指导意见》，其中提到"统筹各类保障措施，建立以社会保险、社会救助、社会福利制度为主体，以社会帮扶、社工助力为辅助的综合保障体系，为完全丧失劳动能力和部分丧失劳动能力且无法依靠产业就业帮扶脱贫的贫困人口提供兜底保障"。2014 年 5 月 1 日起施行的《社会救助暂行办法》申明，"社会救助制度坚持托底线、救急难、可持续，与其他社会保障制度相衔接，社会救助水平与经济社会发展水平相适应"。2020 年，《中共中央办公厅　国务院办公厅印发〈关于改革完善社会救助制度的意见〉》，进一步明确社会救助事关困难群众基本生活和衣食冷暖，是保障基本民生、促进社会公平、维护社会稳定的兜底性、基础性制度安排。社会救助需切实兜住兜牢基本民生保障底线。并且，提出建设中国特色社会救助体系的总体目标："用 2 年左右时间，健全分层分类、城乡统筹的中国特色社会救助体系，在制度更加成熟更加定型上取得明显成效。社会救助法制健全完备，体制机制高效顺畅，服务管理便民惠民，兜底保障功能有效发挥，城乡困难群众都能得到及时救助。到 2035 年，实现社会救助事业高质量发展，改革发展成果更多更公平惠及困难群众，民生兜底保障安全网密实牢靠，总体适应基本实现社会主义现代化的宏伟目标。"由此可见，在我国的救助政策语境中，社会救助的"托底线"即为"兜底保障"。

二、兜底保障适度规模的重要性

（一）确定兜底保障适度规模的必要性

"以收定支，量入为出"是我国《预算法》主张的优化公共支出结构的原则。在任何国家或任何时期，公共支出的需求都可以是无限的，而政府财力的增长总是有限的，因此无论何时何地，任何一项公共支出的供给和需求始终存在，而且始终置于整体的财政收支供需矛盾之中。公共支出的过度扩张，特别是社会福利性支出的过度扩张，会使政府财政面临的压力越来越大，从而陷入一种"高福利、高支出、高税收、高赤字、高债务"的困境。任何一项公共支出首先面临的问题都是：为了维持国家财政运行的良性循环和长期可持续发展，公共支出管理的首要任务就是控制支出总量水平。换言之，国家的福利支出总量也必然要求控制总量水平。

科学分析现阶段我国福利支出的适度规模，除从社会稳定、公平正义的理论角度探讨外，也需要从福利水平与经济发展关系的现实视角分析其可操作性。兜底保障是社会福利的一部分，同样受到资本和劳动力整体可利用性的约束，这意味着，兜底保障受限于预算约束，有追求适度规模的内在要求。现阶段，我国兜底保障政策需进一步结合政策目标、经济发展阶段、人口老龄化和财政支出结构等因素进行综合考量。

（二）经济发展与兜底保障规模

平新乔（1998）指出公共支出是政府行为的成本，即一旦政府在以多少数量、什么质量向社会提供公共产品或服务方面做出了决策，执行这些决策的成本就是公共支出。毫无疑问，公共支出的总量和结构反映了政府介入经济生活和社会生活的规模和深度，也反映了公共财政在经济生活和社会生活中的地位。

凯恩斯理论出现后，公共支出作为政府重要的宏观调控手段，在政府活动中的作用越来越大，公共支出对经济发展，尤其是对经济的持续稳定发展有着巨大的作用。因此，兜底保障作为一项公共支出，学界的普遍共识是：国家的兜底保障水平与经济发展关系定位既互为制约又相互促进。一方面，国家的经济发展奠定了社会兜底保障制度运行的物质基础，其发展程度决定与制约兜底保障水平；另一方面，确定适度合理的兜底保障水平可以为国家经济发展提供和谐稳定的发展环境。反之，偏颇、失效、有失公正的兜底保障政策则会成为诸多社会矛盾的根源，以致影响执政成本和国家安定。结合我国的经济社会发展阶段来看，兜底保障和经济发展不容忽视以下几个方面的关系：

第一，兜底保障水平与经济发展阶段的关系。公共支出增长理论揭示了社会福利支出与经济发展的关系。"瓦格纳法则"指出随着政府在政治、经济和社会等方面的职能不断扩大，公共支出呈现不断增长的规律。马斯格雷夫进一步指出随着人均收入的提高，公共支出的相对规模会随之提高，并且公共支出的结构会发生调整，即经济发展到达成熟期，政府的公共支出重点应转向教育、医疗、社会保障等关乎社会福利及社会公平的民生类支出，且支出的增长幅度应该超过 GDP 及其他支出的增幅，但随着技术的进步和市场的调适，使政府提供公共产品与公共服务被市场取代不断成为可能，政府的相对公共支出规模不可能一直处于增长状态，而是存在一个适度的极值（郭希林，2005）。我国目前已经消灭了绝对贫困，为全球的贫困治理提供了丰富的案例及良好的经验，经济实力已稳居世界第二大经济体，正式迈入共同富裕的新阶段，这无疑表明我国的公共支出会更加倾斜于民生福利，将会实行更为积极的兜底政策，并且对低收入群体的兜底水平也会随着经济发展动态调整提高，同时依据公共支出规模的理论，需要对兜底保障水平确立一个适度规模。

第二，兜底保障水平与人口老龄化的关系。现阶段需要兜底保障的低收入人群主要是因病、因残、因老等失去劳动力的人群，因此老龄化是兜底保障水平必须面对的现实问题。根据第七次全国人口普查的数据，从年龄构成看，60 岁及以上人口为 26402 万人，占 18.70%（其中，65 岁及以上人口为 19064 万人，占 13.50%），与 2010 年的第六次全国人口普查相比，60 岁及以上人口比重上升了 5.44 个百分点，与此同时，全国 31 个省份中，有 16 个省份的 65 岁及以上人口超过了 500 万人，其中，有 11 个省份（山东、江苏、四川、河南、广东、河北、湖南、浙江、湖北、安徽和辽宁）的老年人口超过了 1000 万人。老龄化水平城乡差异明显，第七次全国人口普查数据显示农村地区 60 岁、65 岁及以上人口的比重分别为 23.81%、17.72%，比城镇分别高出 7.99 个、6.61 个百分点。与第六次全国人口普查比较，农村 60 岁以上人口占比（14.98%）上升约 8 个百分点，比第六次全国人口普查城乡 60 岁及以上老年人口差距（3.19%）高出 4.8 个百分点，数据显示城乡老龄化差距正在不断拉大，其中乡村老龄化程度更高、更严重。焦娜和郭其友（2021）指出相对贫困阶段也是快速老龄化与老年贫困的交织阶段。由于老龄化社会可能有更多的老年贫困现象，我国现有的兜底保障支出基数可能会出现不容忽视的扩大，继而会影响兜底保障支出总量的持续攀升。

第三，兜底保障水平与财政支出结构的关系。兜底保障支出以财政支出为主，这决定了兜底保障支出水平与其他财政支出水平呈现此消彼长的关系，在政府有限财力约束下，过高的兜底保障水平会挤占其他公共服务所需的财力保障，从而影响财政支出的结构效率。目前，国家经济发展面临着经济增速放缓、国际局势突变、新冠肺炎疫情反复等困难局面，这不仅意味着财政支出的结构受到突发事件冲击的可能性增强，同时也意味着兜底保障支出会面临财政资金增量约束加大的难题。

三、兜底保障支出的柯布-道格拉斯函数推导、变形

Barro（1990）提出财政支出最优规模的"巴罗法则"，假定政府的公共支出可以转化为生产性公共服务，即政府购买公共产品，以及向私人提供免费的公共服务，可以使公共支出以一种生产外部性的方式进入企业的生产函数，从而纳入企业的内生增长模型中，形成一个包含公共支出的内

生经济增长模型。金戈（2014）指出巴罗模型为人们分析政府如何通过公共支出来影响经济增长提供了一个标准的分析框架。在这一分析框架基础上，很多学者对巴罗模型进行了扩展和修正，形成了大量关于最优公共支出的理论探讨和实践应用。Barro（1990）指出巴罗模型首先将政府提供的生产性公共服务纳入研究框架，Turnovsky 和 Fisher（1995）、金戈（2014）等进一步在模型中引入消费性公共支出，并推演出最优公共支出规模的结论，即当公共支出的边际收益等于边际成本时，公共支出规模（公共支出占社会总产出的比重）达到最优。

本文讨论的兜底保障支出是指"通过家计调查的方式确定的补助对象，由政府按月给予现金生活补助"的公共支出，按常理来看，这类支出不应追求最优规模，而是应考虑一个规模阈值，因此本文使用最优规模的思路测算了兜底保障支出的适度规模。下文将分两步对柯布-道格拉斯生产函数进行变形，应用"巴罗法则"，推导出兜底保障支出的适度规模①。

第一步，将财政支出看成整体，在不考虑财政支出分类的前提下，求最优财政支出规模。

将"财政支出"作为一类生产要素，Y 作为社会产出，则柯布-道格拉斯生产函数可表示为：

$$Y_t = C_t K_t^x L_t^y F_t^z \tag{1}$$

式中，K_t 代表第 t 年的资本存量；L_t 代表第 t 年的劳动力数量；F_t 表示第 t 年的财政支出，对式（1）两边取对数得到式（2）：

$$\ln Y_t = C_t + x \ln K_t + y \ln L_t + z \ln F_t \tag{2}$$

求财政支出的边际产出弹性 z：

$$z = \frac{d \ln Y_t}{d \ln F_t} = \frac{dY_t}{dF_t} \times \frac{F_t}{Y_t} = MPG \times \frac{F_t}{Y_t} \tag{3}$$

假设财政支出的相对规模为 G：

$$G = \frac{F_t}{Y_t} \tag{4}$$

将式（3）代入式（4），得：

$$z = MPG \times G \tag{5}$$

政府提供的公共物品边际成本为 1，而财政支出的边际收益为 MPG。

---

① 本文认同李春根和陈文美（2018）关于"社会救助适度规模"的观点。

根据"巴罗法则"的最优公共支出配置要求,公共支出的边际收益等于其边际成本,即 MPG＝1 时,在不存在税收扭曲的情况下,财政支出规模为最优规模。MPG>1,表明财政提供公共品不足;MPG<1,则表明财政提供公共品过度。根据式(5)可得,最优的财政支出规模为:

$$F^* = z \qquad (6)$$

第二步,为推测兜底保障支出的适度规模,将财政支出分为兜底保障支出($F_{t1}^{z_1}$)和其他财政支出($F_{t2}^{z_2}$)两类,则柯布－道格拉斯生产函数可进一步分解为:

$$Y_t = C_t K_t^x L_t^y F_{t1}^{z_1} F_{t2}^{z_2} \qquad (7)$$

对式(7)两边取对数:

$$\ln Y_t = C_t + x\ln K_t + y\ln L_t + z_1\ln F_{t1} + z_2\ln F_{t2} \qquad (8)$$

根据"巴罗法则",不论财政支出的类型,最优财政支出规模的条件均为 MPG＝1,则不难看出,式(7)中 z_1、z_2 分别代表兜底保障支出占 Y 的最适度比重和其他财政支出占 Y 的最适度比重[①]。

式(2)减去式(8),可得:

$$z\ln F_t = z_1\ln F_{t1} + z_2\ln F_{t2} \qquad (9)$$

将式(9)两边除以 z,得:

$$\ln F_t = (z_1/z)\ln F_{t1} + (z_2/z)\ln F_{t2} \qquad (10)$$

由上述假设可知,z 表示财政支出在 MPG＝1 的条件下的适度财政支出规模,即 z＝F/Y;z_1 表示在 MPG＝1 条件时兜底保障支出占 Y 的最适度比重,即 z_1＝F_1/Y,则 z_1/z＝F_1/F;z_1/z 代表政府财政支出在 MPG＝1 的条件下,兜底保障占财政总支出的最适度规模。同理,z_2＝F_2/Y,则 z_2/z＝F_2/F,z_2/z 代表政府财政支出在 MPG＝1 的条件下,其他财政支出占财政总支出的最适度规模。

因此,可以采用回归方程式(11)估计兜底保障支出占财政支出的适度规模比重:

$$\ln F_t = (z_1/z)\ln F_{t1} + (z_2/z)\ln F_{t2} + \varepsilon_t \qquad (11)$$

式中,F_t 是指政府的所有财政支出总额;F_{t1} 指政府的兜底保障支出;F_{t2} 指兜底保障支出之外的其他财政支出;ε_t 为随机扰动项。

第三步,考虑到我国地区经济发展区域差异明显,东部、中部、西部和东北四类不同地区兜底保障支出的适度规模比重估计方程为:

①　在本文的实际操作中,社会产出 Y 用 GDP 来衡量。

$$\ln F_{nt} = （z_1/z）\ln F_{nt1} + （z_2/z）\ln F_{nt2} + \varepsilon_t \qquad (12)$$

式中，n 取值为 e、m、w、n（e—东部地区，m—中部地区，w—西部地区，n—东北地区）；F_{nt} 是指四类经济区域的财政支出总额；F_{nt1} 指不同地区的兜底保障支出；F_{nt2} 指不同地区的兜底保障支出之外的其他财政支出；ε_t 为随机扰动项。

通过对式（11）进行回归分析，可以求出全国兜底保障支出占财政总支出的适度比重，通过对式（12）进行回归分析，可以求出各地区兜底保障支出占财政支出的适度比重。与此同时，也可以求出其他财政支出占财政总支出的适度比重。

自 2007 年起我国建立农村最低生活保障制度，这意味着城镇和农村的两类主要兜底保障制度得以建立，也就是说我国的兜底保障制度的基础已建成。从财政支出的角度来看，这意味着兜底保障支出在制度构建之前具备了稳定的支出框架，具备了支出适度规模测算的前提条件。下文将采用 2007~2020 年我国财政支出、兜底保障支出、其他财政支出的数据，利用式（11）和式（12）的回归方程进行回归分析，测算全国及各地兜底保障支出的最适度规模。

四、兜底保障支出适度规模的实证分析

（一）数据来源

通过查阅《中国统计年鉴》《中国民政事业统计年鉴》筛选 2007~2020 年的财政支出数据和兜底保障支出数据。其中，财政支出取财政一般公共预算支出，兜底保障支出取城镇最低生活保障支出、农村最低生活保障支出和特困人员保障支出之和①，同时，以 2007 年为基准年，对 2008~2020 年所有数据进行了价格平减处理。在回归分析之前，对全国及四大经济区域的财政支出、兜底保障支出以及其他财政支出的规模取自然对数，处理结果如表 2 所示。

---

① 自 2007 年开始取数，是考虑到我国于 2007 年建立农村最低生活保障制度，自此，全国贫困的三类人群（城市低保、农村低保、特困户）都有了稳定的、相应的兜底保障政策。

表 2 2007~2020 年三类支出类型的数据处理结果

年份	全国			东部地区			中部地区			西部地区			东北地区		
	lnF_t	lnF_{t1}	lnF_{t2}	lnF_{et}	lnF_{et1}	lnF_{et2}	lnF_{mt}	lnF_{mt1}	lnF_{mt2}	lnF_{wt}	lnF_{wt1}	lnF_{wt2}	lnF_{nt}	lnF_{nt1}	lnF_{nt2}
2007	10.82	5.86	10.81	9.74	4.38	9.73	8.95	4.51	8.94	9.20	4.67	9.18	8.25	4.29	8.23
2008	11.04	6.12	11.04	9.94	4.62	9.93	9.20	4.85	9.18	9.53	5.07	9.52	8.49	4.18	8.48
2009	11.24	6.53	11.23	10.12	4.95	10.12	9.43	5.22	9.42	9.77	5.56	9.76	8.71	4.56	8.69
2010	11.41	6.72	11.40	10.32	5.16	10.31	9.62	5.39	9.61	9.97	5.74	9.96	8.89	4.74	8.87
2011	11.60	6.93	11.59	10.53	5.34	10.52	9.86	5.46	9.85	10.22	6.04	10.20	9.09	4.91	9.08
2012	11.74	7.28	11.73	10.65	5.63	10.64	10.03	5.99	10.01	10.38	6.40	10.36	9.23	5.13	9.21
2013	11.85	7.34	11.84	10.77	5.78	10.76	10.15	6.01	10.13	10.48	6.44	10.46	9.33	5.18	9.32
2014	11.93	7.49	11.92	10.85	5.89	10.84	10.23	6.18	10.21	10.57	6.60	10.55	9.34	5.35	9.33
2015	12.08	7.49	12.07	11.06	5.93	11.05	10.37	6.19	10.35	10.68	6.58	10.66	9.37	5.30	9.35
2016	12.14	7.53	12.13	11.13	5.95	11.12	10.43	6.24	10.41	10.74	6.63	10.73	9.42	5.36	9.41
2017	12.22	7.57	12.21	11.20	6.03	11.19	10.52	6.28	10.50	10.82	6.68	10.81	9.49	5.28	9.48
2018	12.31	7.59	12.30	11.28	6.10	11.28	10.61	6.28	10.60	10.91	6.71	10.89	9.53	5.28	9.52
2019	12.38	7.59	12.38	11.35	6.07	11.35	10.71	6.31	10.69	10.99	6.70	10.98	9.59	5.21	9.58
2020	12.41	7.62	12.40	11.37	6.13	11.37	10.75	6.36	10.73	11.03	6.71	11.01	9.65	5.15	9.64

资料来源：历年《中国统计年鉴》《中国民政事业统计年鉴》。

（二）实证结果分析

1. 全国兜底保障支出适度规模估计

（1）数据平稳性检验。

下文的研究采用时间序列长面板数据，在进行回归分析之前，需要考虑防止数据不平稳造成的"伪回归"问题。因此，为了确保回归结果稳定可靠，防止产生"伪回归"问题，需要先对所用数据进行平稳性检验。此处采用 ADF 方法检验数据是否存在单位根，从而判断数据的平稳性。如果 ADF 检验结果显示数据有平稳性，可以直接进行回归分析，如果 ADF 检验结果显示数据存在单位根，则需进一步进行协整检验，待排除变量间"伪回归"的可能之后，再对其进行差分切换使其变成平稳数据，最后进行回归分析。

本文使用 ADF 方法对 $\ln F_t$、$\ln F_{t1}$、$\ln F_{t2}$ 三个变量进行单位根检验。检验结果如表 3、表 4 所示。由表 3 可知，三个变量的 T 值均小于 1%、5%、10% 三个临界值。由表 4 可知，三个变量的 P 值均在 1% 的水平上显著，由此证明本文所使用的数据具备很好的平稳性，从而具备进行回归分析的前提条件。

表 3　全国各变量二阶差分 ADF 检验情况

	Test Statis Statistic	1%Critical Value	5%Critical Value	10%Critical Value
$\ln F_t$：Z（t）	-6.471	-3.750	-3.000	-2.630
MacKinnon approximate p-value for Z（t）= 0.0000				
$\ln F_{t1}$：Z（t）	-8.170	-3.750	-3.000	-2.630
MacKinnon approximate p-value for Z（t）= 0.0000				
$\ln F_{t2}$：Z（t）	-6.494	-3.750	-3.000	-2.630
MacKinnon approximate p-value for Z（t）= 0.0000				

表 4　全国各变量二阶差分 ADF 检验的表现值

D2.$\ln F_t$	Coef.	Std. Err.	t	P>t	［95%Conf. Interval］	
LD2.	-1.6143***	0.2495	-6.47	0.000	-2.1787	-1.0500
_cons	-0.0252	0.0113	-2.22	0.054	-0.0508	0.0005

D2. $\ln F_{t1}$	Coef.	Std. Err.	t	P>t	[95%Conf. Interval]	
LD2.	-1.6444^{***}	0.2013	-8.17	0.000	-2.0996	-1.1891
_cons	-0.0511	0.0308	-1.66	0.131	-0.1207	0.0185
D2. $\ln F_{t2}$	Coef.	Std. Err.	t	P>t	[95%Conf. Interval]	
LD2.	-1.6219^{***}	0.2498	-6.49	0.000	-2.1869	-1.0569
_cons	-0.0250	0.0114	-2.19	0.057	-0.0509	0.0009

注：***代表结果在1%水平上显著。

（2）回归分析。

基于数据平稳性的分析，对式（11）进行回归得到表5的回归结果。各变量在1%水平上显著，得到的回归方程如下：

$$\ln F_t = 0.0553 + 0.0094 \ln F_{t1} + 0.9904 \ln F_{t2} \tag{13}$$

表5　我国兜底保障支出适度规模估计

$\ln F_t$	Coef.	Std. Err.	t	P>t	[95%Conf. Interval]	
$\ln F_{t1}$	0.0094^{***}	0.0002	42.30	0.000	0.0089	0.0099
$\ln F_{t2}$	0.9904^{***}	0.0003	3680.39	0.000	0.9898	0.9910
_cons	0.0553^{***}	0.0017	32.45	0.000	0.0516	0.0591

注：***代表结果在1%水平上显著。

式（13）说明，当MPG＝1时，全国兜底保障支出规模占总财政支出的规模最优比为0.94%，除兜底保障支出之外的其他财政支出规模占总财政支出的规模最优比为99.04%。

结合0.94%的最优兜底保障占总财政支出的比重，可以计算2007～2020年各年度的适度规模数，如表6和图1所示。对比2007～2020年兜底保障的实际支出数和适度规模数可知：我国兜底保障实际支出的增长幅度不如适度规模的增长幅度平稳，但两者趋势相近；我国的兜底保障实际支出一直在进行动态调整，实际支出数和适度规模数两者之间呈现动态平衡关系。2007～2010年，适度规模数高于实际支出数，两者间的支出差距逐渐收敛，2011～2017年，实际支出数高于适度规模支出数，2018～2020年，适度规模数高于实际支出数。两者的差值主要是来源于"应保尽保"的保障扩面问题还是来源于提高保障额问题，仍需进一步验证。

表6   2007~2020年我国兜底保障实际支出与适度规模的比较

单位：亿元

年份	一般公共财政支出	兜底保障支出		支出差距（适度规模-实际支出）
		实际支出	适度规模	
2007	49781.35	350.40	467.94	117.54
2008	59107.97	427.78	555.61	127.83
2009	72565.79	648.62	682.12	33.50
2010	82749.27	761.44	777.84	16.40
2011	95441.96	897.65	897.15	-0.50
2012	107245.79	1234.13	1008.11	-226.02
2013	116356.24	1275.74	1093.75	-181.99
2014	123489.95	1461.11	1160.81	-300.31
2015	141113.89	1429.61	1326.47	-103.14
2016	147690.79	1467.74	1388.29	-79.45
2017	157243.92	1501.86	1478.09	-23.77
2018	167519.25	1503.63	1574.68	71.06
2019	176024.16	1450.66	1654.63	203.97
2020	176645.55	1459.37	1660.47	201.09

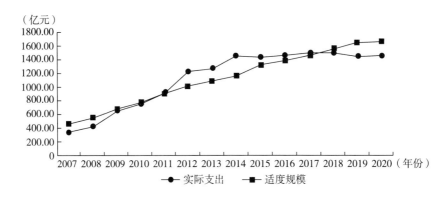

图1   2007~2020年我国兜底保障支出的实际支出与适度规模

2. 各地区兜底保障适度规模估计

考虑到我国经济发展的地区不均衡突出，首先以东部、中部、西部和东北地区的划分标准划分四类经济地区，估计各自的兜底保障适度规模，其次查看每个省份兜底保障支出的具体情况。因此，下文将区分地区对其数据进行 ADF 单位根检验。

（1）数据平稳性检验。

如表7所示，东部、中部、西部和东北地区的各变量二阶差分均通过了平稳性检验，如表8所示，各地区各变量的二阶差分 ADF 检验结果均在1%水平上显著。由此可知，现有数据可以直接进行回归分析。

表7 各地区各变量二阶差分 ADF 检验情况

	Test Statis Statistic	1%Critical Value	5%Critical Value	10%Critical Value
$\ln F_{et}$：Z（t）	-6.018	-3.750	-3.000	-2.630
$\ln F_{et1}$：Z（t）	-5.838	-3.750	-3.000	-2.630
$\ln F_{et2}$：Z（t）	-5.998	-3.750	-3.000	-2.630
$\ln F_{mt}$：Z（t）	-7.183	-3.750	-3.000	-2.630
$\ln F_{mt1}$：Z（t）	-6.863	-3.750	-3.000	-2.630
$\ln F_{mt2}$：Z（t）	-7.396	-3.750	-3.000	-2.630
$\ln F_{wt}$：Z（t）	-4.157	-3.750	-3.000	-2.630
$\ln F_{wt1}$：Z（t）	-7.323	-3.750	-3.000	-2.630
$\ln F_{wt2}$：Z（t）	-4.172	-3.750	-3.000	-2.630
$\ln F_{nt}$：Z（t）	-3.974	-3.750	-3.000	-2.630
$\ln F_{nt1}$：Z（t）	-12.393	-3.750	-3.000	-2.630
$\ln F_{nt2}$：Z（t）	-3.888	-3.750	-3.000	-2.630

注：表格内的所有变量"MacKinnon approximate p-value for Z（t）= 0.0000"。

表8 各地区各变量二阶差分 ADF 检验的表现值

	Coef.	Std. Err.	t	P>t	［95%Conf. Interval］	
LD2. $\ln F_{et}$	-1.5720***	0.2612	-6.02	0.000	-2.1629	-0.9811
_cons	0.0230	0.0175	-1.31	0.222	-0.0626	0.0166
LD2. $\ln F_{et1}$	1.4898***	0.2552	-5.84	0.000	-2.0671	-0.9125
_cons	-0.0381	0.0262	-1.46	0.180	-0.0974	0.0212
LD2. $\ln F_{et2}$	1.5716***	0.2620	-6.00	0.000	-2.1644	-0.9788
_cons	0.0229	0.0177	-1.29	0.228	-0.0629	0.0171
LD2. $\ln F_{mt}$	-1.6474***	0.2293	-7.18	0.000	-2.1662	-1.1286
_cons	0.0277	0.0117	-2.36	0.043	-0.0542	-0.0011
LD2. $\ln F_{mt1}$	1.6691***	0.2432	-6.86	0.000	-2.2193	-1.1189
_cons	0.0497	0.0589	-0.85	0.420	-0.1829	0.0834

续表

	Coef.	Std. Err.	t	P>t	[95%Conf. Interval]	
LD2. lnF$_{mt2}$	1.6685 ***	0.2256	−7.40	0.000	−2.1789	−1.1582
_cons	0.0276	0.0117	−2.35	0.043	−0.0541	−0.0011
LD2. lnF$_{wt}$	1.3287 ***	0.3196	−4.16	0.002	−2.0516	−0.6057
_cons	0.0285	0.0141	−2.02	0.074	−0.0605	0.0035
LD2. lnF$_{wt1}$	1.6542 ***	0.2259	−7.32	0.000	−2.1652	−1.1432
_cons	0.0685	0.0375	−1.83	0.101	−0.1533	0.0162
LD2. lnF$_{wt2}$	1.3326 ***	0.3194	−4.17	0.002	−2.0552	−0.6101
_cons	−0.0282	0.0141	−2.00	0.076	−0.0601	0.0036
LD2. lnF$_{nt}$	1.1960 ***	0.3010	−3.97	0.003	−1.8768	−0.5151
_cons	0.0196	0.0128	−1.53	0.159	−0.0485	0.0093
LD2. lnF$_{nt1}$	1.4864 ***	0.1199	−12.39	0.000	−1.7578	−1.2151
_cons	0.0398	0.0254	−1.57	0.151	−0.0973	0.0177
LD2. lnF$_{nt2}$	1.2002 ***	0.3087	−3.89	0.004	−1.8986	−0.5018
_cons	−0.0194	0.0132	−1.47	0.175	−0.0491	0.0104

注：＊＊＊代表结果在 1%水平上显著。

（2）回归分析。

表 9 的回归结果显示，当 MPG＝1 时，东部地区的兜底保障支出占总财政支出的最适度比重为 0.59%，中部地区的兜底保障支出占总财政支出的最适度比重为 1.45%，西部地区的兜底保障支出占总财政支出的最适度比重为 1.51%，中部地区的兜底保障支出占总财政支出的最适度比重为 1.47%。因此，可以由式（13）进一步得到以下几个回归方程：

$$\ln F_{et} = 0.0366 + 0.0059 \ln F_{et1} + 0.9941 \ln F_{et2} \tag{14}$$

$$\ln F_{mt} = 0.0763 + 0.0145 \ln F_{mt1} + 0.9855 \ln F_{mt2} \tag{15}$$

$$\ln F_{wt} = 0.0815 + 0.0151 \ln F_{wt1} + 0.9846 \ln F_{wt2} \tag{16}$$

$$\ln F_{nt} = 0.0771 + 0.0147 \ln F_{nt1} + 0.9853 \ln F_{nt2} \tag{17}$$

表 9　各地区兜底保障支出适度规模估计

lnF$_{et}$	Coef.	Std. Err.	t	P>t	[95%Conf. Interval]	
lnF$_{et1}$	0.0059 ***	0.0001	55.63	0.000	0.0056	0.0061
lnF$_{et2}$	0.9941 ***	0.0001	8544.27	0.000	0.9938	0.9943
_cons	0.0366 ***	0.0007	53.21	0.000	0.0351	0.0381

续表

lnF$_{mt}$	Coef.	Std. Err.	t	P>t	[95%Conf. Interval]	
lnF$_{mt1}$	0.0145***	0.0003	55.42	0.000	0.0139	0.0151
lnF$_{mt2}$	0.9855***	0.0003	3471.05	0.000	0.9848	0.9861
_cons	0.0763***	0.0014	53.23	0.000	0.0731	0.0794
lnF$_{wt}$	Coef.	Std. Err.	t	P>t	[95%Conf. Interval]	
lnF$_{wt1}$	0.0151***	0.0004	37.22	0.000	0.0142	0.0160
lnF$_{wt2}$	0.9846***	0.0005	1973.53	0.000	0.9835	0.9857
_cons	0.0815***	0.0028	29.29	0.000	0.0754	0.0877
lnFnt	Coef.	Std. Err.	t	P>t	[95%Conf. Interval]	
lnF$_{nt1}$	0.0147***	0.0004	35.51	0.000	0.0138	0.0156
lnF$_{nt2}$	0.9853***	0.0004	2528.43	0.000	0.9844	0.9861
_cons	0.0771***	0.0019	39.73	0.000	0.0729	0.0814

注：***代表结果在1%水平上显著。

如表10所示，2007～2020年，各地区的兜底保障实际支出规模均呈现不断增长的趋势，然而，随着各地财政支出规模的扩大，兜底保障的适度规模也随之增大，比较两者可知，各地区的兜底保障实际规模大多数年份是在适度规模范围内，兜底保障的实际支出规模没有突破规模阈值，具体情况如图2所示。

表10　2007～2020年各地区兜底保障实际支出与适度规模的比较

单位：亿元

年份	东部地区		中部地区		西部地区		东北地区	
	实际规模	适度规模	实际规模	适度规模	实际规模	适度规模	实际规模	适度规模
2007	80.10	100.00	90.60	111.70	106.70	148.74	72.70	56.38
2008	95.75	115.54	120.21	135.14	150.05	196.29	61.95	67.68
2009	134.57	140.01	176.61	172.01	245.94	252.47	90.73	84.43
2010	160.85	163.96	201.64	201.09	287.27	297.45	105.33	97.94
2011	183.03	192.00	205.48	243.04	367.10	361.41	118.29	114.32
2012	238.07	211.46	341.44	279.34	510.03	414.89	144.24	127.69
2013	268.96	231.93	338.50	306.78	522.15	445.65	146.97	137.99

续表

年份	东部地区		中部地区		西部地区		东北地区	
	实际规模	适度规模	实际规模	适度规模	实际规模	适度规模	实际规模	适度规模
2014	295.17	246.62	393.61	325.74	600.59	476.62	171.67	136.67
2015	300.72	300.34	392.18	369.21	575.52	526.23	161.03	138.22
2016	301.04	315.05	402.75	385.35	596.41	549.84	167.31	143.28
2017	321.25	332.88	412.22	414.93	616.25	586.39	152.22	150.77
2018	337.76	354.77	406.24	445.10	619.94	625.44	148.71	153.88
2019	317.62	369.80	403.55	477.20	595.81	660.34	134.42	159.14
2020	330.03	369.10	416.31	484.55	589.44	667.78	123.45	164.79

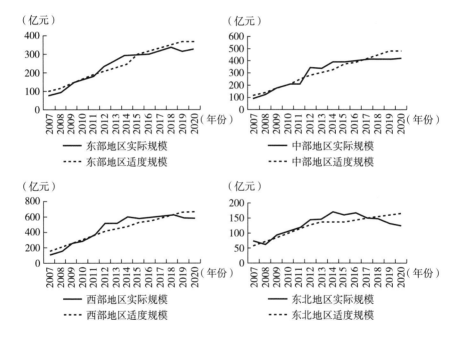

图 2　2007～2020 年各地区兜底保障实际支出规模和适度规模对比

进一步比较 2007～2020 年各地区兜底保障实际支出规模和适度规模的年均增长率可知：东部、中部、西部地区的兜底保障实际支出规模年均增长率均高于其适度规模年均增长率，东部地区高出 0.94%，中部地区高出 0.5%，西部地区高出 1.8%，东北地区的兜底保障实际支出规模年均增长率比其适度规模低 4.44 个百分点（见图 3）。

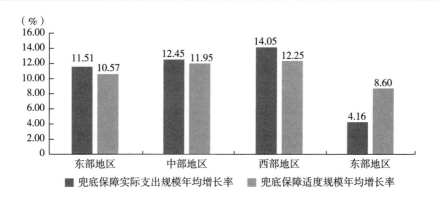

图 3　各地区兜底保障实际支出规模年均增长率与适度规模年均增长率的比较

各地区的实际支出规模与适度规模之比显示：2007~2020 年，东部地区兜底保障实际支出规模占全国兜底保障支出规模的比重在 19.30%~22.88%，年度间变动幅度不大，无明显规模增大或减小的趋势；中部地区兜底保障实际支出规模占全国兜底保障支出规模的比重在 25.88%~28.53%，年度间变动幅度较东部地区稍大，亦无明显规模增大或减小的趋势；西部地区兜底保障实际支出规模占全国兜底保障支出规模的比重在 30.48%~41.34%，2020 年与 2007 年相比，支出规模比重增长约 10 个百分点，呈明显的规模增长态势；东北地区兜底保障实际支出规模占全国兜底保障支出规模的比重在 8.46%~20.77%，与西部地区截然相反，自 2007~2020 年，兜底保障支出规模占全国兜底保障支出规模的比重呈逐年下降趋势，从 2007 年的 20.77%下降至 2020 年的 8.46%（见图 4）。

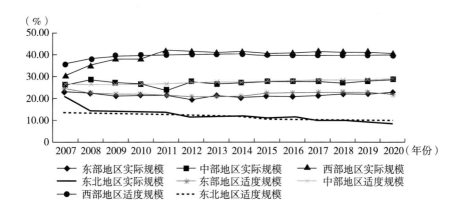

图 4　2007~2020 年各地区兜底保障实际支出规模占全国兜底保障
支出规模的比重

五、结论和建议

本文运用巴罗模型的自然效率原则将财政支出纳入内生增长模型，应用柯布-道格拉斯生产函数将财政支出进一步分解为兜底保障支出和其他财政支出两类，从而推导出兜底保障支出适度规模的回归模型，使用回归分析的方法，得到对我国以及东部、中部、西部和东北地区 2007~2020 年度兜底保障支出的适度规模估算的结果。估算结果显示：我国目前兜底保障实际支出规模趋于合理，没有突破适度规模阈值，同时，这也意味着实际支出规模仍可进一步提升，与财政支出水平的适应性仍可进一步提高；分地区来看，东部地区、中部地区和西部地区的兜底保障实际支出规模与各地的财政支出规模增幅相当，两者的协调性较好，东北地区的兜底保障实际支出规模与适度支出规模差距较大，兜底保障总体水平有待进一步提高。

（一）不同地区需结合贫困深度、老龄化等现实需求稳妥推进兜底保障政策

结合相关贫困研究的结论可知，我国不同地区的贫困发生率有明显差异，另外城市和农村的贫困发生率也有显著差异，地区间发展的不平衡、城乡发展的不平衡依然存在，中部和西部地区仍存在不容忽视的"贫困陷阱"。从全国层面来看，制定反贫困的兜底保障政策，中西部地区仍是政策实施的重点地区。兜底保障的适度规模虽确定了兜底保障支出的预算约束线，但在预算约束线下各地区兜底保障的实际需求水平和实际支出水平仍然存在矛盾。经济发达地区的工作机会更多，社会保障也更为完善，而需要兜底保障的个体相对较少，由于其财政支出规模的扩大，兜底保障适度水平的提高，兜底保障的实际支出水平和兜底保障的实际需求水平矛盾会减小，也就是实际支出水平不仅在预算约束内而且能够满足实际需求。反之，经济欠发达地区对兜底保障有需求的个体相对较多，但由于总财政支出规模对兜底保障的适度支出规模有所限制，因此兜底保障的实际需求水平和实际支出水平之间将会存在较大的矛盾。第七次全国人口普查数据显示，截至 2020 年，我国有 149 个地级及以上市 65 岁及以上人口比例超

过 14%，进入深度老龄化，从区域分布看，深度老龄化城市集中度从大到小依次是东北地区、中部地区、西部地区和东部地区。由此可见，经济发展速度和老龄化发展程度越深越制约经济发展速度，同时，老龄化程度越深对兜底保障的需求越大，完善兜底保障政策需综合考虑兜底保障支出的现实需求和未来 5~10 年的中长期需求。

（二）完善中央财政的兜底保障转移支付制度

我国的《社会救助暂行办法》规定，"县级以上人民政府应当将社会救助纳入国民经济和社会发展规划，建立健全政府领导、民政部门牵头、有关部门配合、社会力量参与的社会救助工作协调机制，完善社会救助资金、物资保障机制，将政府安排的社会救助资金和社会救助工作经费纳入财政预算。"这意味着，地方财政是社会救助支出的主要来源，这也意味着，地方财政是兜底保障支出的主要来源。地方财政收支的不平衡势必会带来各地兜底保障标准的差异，兜底保障标准省级之间有差异，省内也有差异，明确兜底保障支出的财政事权和支出责任，完善对欠发达地区的兜底保障转移支付制度，是将全国人民纳入以共同富裕为目标的国家治理政策框架下思考兜底保障问题的必经之路。

（三）整合"一揽子"兜底保障政策

我国目前的兜底保障核心政策是三类最低生活保障制度，即城镇居民最低生活保障制度、农村居民最低生活保障制度和特困人员最低生活保障制度，社会救助的其他救助政策基本都是以这三类保障制度的对象为对象进行救助的，换言之，如果是低保对象，那无疑也是其他社会救助政策的救助对象。因而，虽然本文的计算结果显示明确的兜底保障支出尚在适度范围内，但是，"政策选人"的保障思路会使多个福利项目作用在同一个对象身上，会造成附加的、隐性的兜底保障支出并未统计在内，这使测算结果需要进一步分析。同时，未加整合的各类政策出现多头管理的现象，这极大地增加了行政成本，造成了财政资源浪费，因此推进兜底保障政策乃至社会救助制度的整合具有很强的现实意义。建议按"人选政策"的思路设计社会救助政策，即列出一份需救助家庭有机会享受到的兜底保障政策项目的清单，明确各个项目所要求的资格条件和要求，对每个贫困家庭的状况和需求进行分析，确定该家庭应该获得的救助资源，并将所有家庭的政策需求情况综合分类，反馈给政策提供主体，在兜底保障政策的实施中做到供需双方深入了解。

（四）加强兜底保障政策的监管力度

毫无疑问，我国自 2007 年建立农村最低生活保障制度以来，兜底保障政策逐年完善，2007~2020 年的支出数据也显示了其不断趋于合理，然而以家计调查为主要手段的兜底保障政策的实施，不容忽视"福利依赖""福利陷阱"的存在，"应保尽保"的同时要确保兜底政策能够激发个体的劳动供给意愿而非抑制。因此，突破识别对象的制度僵化，填补制度漏洞，精准识别兜底保障对象以及精准识别其贫困深度合理地确定救助标准，以便最大化保障个体的生存权利，同时又不会让个体成为兜底保障制度"温床上的懒汉"。

参考文献

［1］尼古拉斯·巴尔. 福利国家经济学［M］. 邹明泑译. 北京：中国劳动社会保障出版社，2003.

［2］顾昕. 公共财政转型与社会政策发展［M］. 北京：社会科学文献出版社，2021.

［3］平新乔. "预算软约束"的新理论及其计量验证［J］. 经济研究，1998（10）：70-80.

［4］郭希林. 公共支出规模存在合理极值："瓦格纳法则"新解［J］. 现代财经，2005（2）：8-14.

［5］焦娜，郭其友. 多维剥夺视角下中国农村老年贫困的识别与治理［J］. 中国人口科学，2021（3）：82-97.

［6］金戈. 最优公共支出与经济增长：理论综述［J］. 经济社会体制比较，2014（1）：219-230.

［7］李春根，陈文美. 现阶段我国社会救助财政支出规模适度吗?：基于"巴罗法则"与柯布-道格拉斯生产函数的分析［J］. 华中师范大学学报（人文社会科学版），2018（7）：49-58.

［8］Walker R. Social Security and Welfare：Concepts and Comparisons［M］. New York，N Y：Open University Press，2005.

［9］ Barro R J. Government Spending in a Simple Model of Endogenous Growth ［J］. Journal of Political Economy, 1990 (5): 103-125.

［10］ Turnovsky S. J., Fisher W. H. The Composition of Government Expenditure and Its Consequences for Macroeconomic Performance ［J］. Journal of Economic Dynamics and Control, 1995, 19 (4): 747-786.

［11］ Phillips P., Perron P. Testing for a Unit Root in Time Series Regression ［J］. Biometrika, 1988 (75): 335-346.

中国农村老年群体多维贫困测度及影响因素分析

黄志岭　黄莉莎　吴　玮 [*]

摘要　在城乡一体化进程不断加快和人口结构发生巨大变化的背景下，农村老年群体的养老问题受到广泛关注，农村老年贫困也成为人口老龄化和精准扶贫工作的重要议题。基于 AF 方法，本文采用 2014 年 CLHLS 调查数据，从经济、健康、精神、社交四个维度对我国农村老年群体贫困状况进行测度，发现我国农村老年群体的经济贫困相对并不严重，健康贫困和社交贫困应当受到更多关注。社交贫困发生率高达 84.87%，成为影响农村老年人生活质量的重要因素。在此基础上运用 Probit 模型，从个体特征、家庭因素、社会福利政策层面实证分析了我国农村老年人陷入多维贫困的影响因素。研究结果表明，贫困惯性、子女数量、子女的经济支持及精神慰藉、新农保、社区服务对农村老年多维贫困的发生具有显著影响。尤其是社区服务，对于提高农村老年群体生活质量具有不可替代的作用。

关键词　农村老年贫困；致贫因素；精准扶贫；AF 方法；Probit 模型

一、引言

目前，我国正经历着深刻的社会转型发展和人口结构转变。据统计，

基金项目：国家哲学社会科学基金青年项目（编号：15CJY021）资助。

　* 作者简介：黄志岭，浙江财经大学东方学院副院长，邮政编码：314408，邮箱：zhiling-huang@163.com。黄莉莎，浙江财经大学公共管理学院社会保障专业硕士研究生。吴玮，浙江省人力资源和社会保障科学研究院副研究员。

2015 年 60 岁及以上人口达到 2.22 亿，占总人口的 16.15%。我国老年人口规模不断增大，"未富先老"的国情使老年贫困问题成为我国人口老龄化和减贫工作中的新焦点。与青年人相比，老年人难以通过改变自身禀赋条件和所处环境达到脱贫目的，多数老年贫困是不可逆转的，因此老年人的减贫、脱贫工作面临更多挑战。其中，农村老年贫困问题则更为严重。老年人群随着年龄增长、身体各项功能下降，需要更多日常照料、经济资助以及精神慰藉，而与此同时，城乡发展一体化、人口流动常态化以及农村家庭结构的变迁，使农村老年人依靠子女养老照料的可能性大为降低。乔晓春等（2005）按照绝对贫困标准估算出 2000 年我国老年人口中有 17.5% 为贫困人口，其中城镇贫困老年人口比例为 15%，农村贫困老年人口比例为 18.8%。杨立雄（2011）分别采用不同标准对我国农村和城镇老年贫困人口规模进行了估算，测得农村老年贫困人口在 1400 万以上，城镇老年贫困人口在 300 万左右；中国老年贫困发生率超过 10%。如何才能保证我国农村老年群体的生活质量，保证扶贫资金惠及真正有需要的群体，成为目前人口老龄化问题和扶贫工作的重要议题。

二、文献述评

（一）多维贫困测度

阿马蒂亚·森（2011）基于"多重能力剥夺"概念发展的多维贫困理论以及 Alkire 和 Foster（2011）提出的 AF 多维贫困测度方法得到了广泛认可和应用。运用多维贫困理论进行测量能够更客观地测量和评估贫困程度：一方面，可以减少单一指标衡量造成的贫困识别错误。在贫困识别的实践过程中，居民准确、真实的收入数据常常难以获得，因而通常采用民主评议等手段。这样的做法容易造成真正贫困人口由于资源限制被"精英"排斥在救助范围之外。另一方面，多维贫困分析可以在一定程度上避免单一标准导致的贫困识别不一致问题。由于不同部门的统计口径和指标不同，可能造成有些部门认定的贫困人口在另一部门则不属于贫困人口。一些非收入维度的剥夺可能会使被剥夺者承受更多潜在的福利损失，丧失了许多生存和发展的机会，出现"自由贫困"（Callander and Schofield,

2015）。

在近几年国内的相关文献中，从多维角度对中国贫困进行的研究逐渐增多。王小林和 Sabina Alkire（2009）采用 AF 方法实证分析了中国城市和农村的贫困状况，其结果显示采用多维贫困标准测量的贫困发生率要远远高于国家统计局以收入为标准测量的结果。高艳云（2012）利用 2000年和 2009 年中国健康与营养调查（CHNS）数据，借鉴多维贫困指数的构造及分解方法，分析了近十年来中国城乡多维贫困状况，结果表明总体上城乡贫困程度均有所减轻，相比城市农村贫困更为严重。杨晶（2014）基于 CFPS 基线调查数据对我国农村的多维贫困进行测度，认为我国农村多维贫困状况比收入贫困状况更为恶劣，社会保障和生活质量等维度的剥夺情况比较严重。张全红和周强（2015）利用 1991～2011 年 CHNS 数据，选择了 5 个维度 12 个指标，针对中国多维贫困的广度、深度和强度进行了城乡分解和对比。

（二）贫困的影响因素分析

在人口与经济社会发生巨大变迁的背景下，贫困问题中老年人这个细分群体引起了学界越来越多的关注。个体特征、子女数量、收入情况、代际支持以及家庭禀赋、社会福利制度等诸多因素都对老年人的贫困产生了重要影响。

从个体特征上，Rank 和 Hirschl（2001）认为老年人退出劳动力市场后，经济来源单一，收入水平和稳定性大为下降，更容易陷入贫困。尤其是对于发展中国家的农村地区来说，在福利体系不完善的情况下，农村老年人相比城镇老人贫困发生率更高。从家庭特征上，家庭规模的缩小在一定程度上使老年人群获得的经济支持下降（Zimmer and Kwong，2003）。Anh 等（2000）从人力资本的视角，通过对越南进行实证研究提出，小规模家庭中的子女更有可能接受更高的教育，从而提高子女对父母的经济支持能力。然而，针对中国农村人力资本投资机会缺乏的情况，农村计划生育家庭子女的人力资本存量和超生家庭子女人力资本存量之间的差异并不显著（李建民，2004）。家庭的居住方式对老年人的贫困也有影响。老年人较常见的居住方式包括与子女一起居住、与配偶居住和独居。一直以来，密切的家庭关系被视为预防老年贫困的有效保障。但是，居住方式与子女支持之间的关系十分复杂。Zimmer 和 Kwong（2003）认为，经济支持并不受距离和地域的影响，流动的子女可能有能力向父母提供更多的经济支持，而同住只会带来贫困的延续。子女的性别结构也有影响，在"养儿防老"的传统观念里，儿子被视为父母老年生活的主要支柱。不过，在男性主导的社会中，男女在养老分工上可能存在显著的性别差异，女儿可能为老年父母提供更多照料帮助，而儿子则提供更多经济支持。从宏观社会政策上，乐章（2005）、姜向群和郑研辉（2013）认为城市化进程削弱了农村"土地养老"与"家庭养老"的作用，从而更易导致农村老年人生活陷入边缘化和贫困化。郭熙保和周强（2016）利用 AF 多维贫困测度方法和 Foster 的持续事件分析法，构建了长期多维贫困与平均贫困持续时间指数，从静态和动态双重视角分析了我国长期多维贫困程度，并通过多层回归模型探讨了致贫的宏观及微观因素。沈扬扬等（2018）使用 CHIP 1995年、2002 年和 2013 年数据，测算我国农村多维贫困的动态变化，发现整体上农村多维贫困得到了很大的改进，现阶段农户面临的困境主要来自健康和医疗。

上述研究大多只是对老年人贫困的某些方面进行定性论述，实证研究相对较少，针对农村老年人这个群体的研究更少。本文试图在以下四个方面有所贡献：第一，本文选取农村老年群体为研究对象，更加具有针对性。第二，在传统农村老年贫困概念基础上，扩展其内涵，并在测度贫困现状方面，采用目前国际上广泛认同的 AF 多维贫困测量方法，更具有科学性和全面性。第三，在分析农村老年致贫因素方面，重点分析了个体特征中幼年时期贫困状况、社会福利和保障制度的影响，同时也对学界存在争议的几个家庭层面的影响因素进行了验证。第四，在科学分析的基础上，提出针对性的政策建议。

三、贫困的程度及农村老年人贫困现状

（一）贫困测度

本文采用 Alkire 和 Foster（2011）提出的多维贫困指数（MPI）对我国农村老年群体的贫困状况进行测度。MPI 指数的构建包括贫困识别和贫困加总两个步骤。

（1）贫困识别。首先确立单个维度的贫困识别。用 i 表示以个人或家庭为单位的分析对象，$i = 1, 2, \cdots, n$；j 表示分析维度，$j = 1, 2, \cdots, d$；x_{ij} 表示家庭或个人 i 在 j 维度上的福利水平，是 X 矩阵的元素。用 z_j（$z_j > 0$）表示个人或家庭第 j 个维度被剥夺的临界值，由 X 矩阵可设计元素均为 0 或 1 的矩阵（以下称为剥夺矩阵）如下：

$$g_{ij}^0 = \begin{cases} 1, & x_{ij} \leq z_j \\ 0, & x_{ij} > z_j \end{cases} \tag{1}$$

其中，1 表示被剥夺，即贫困，0 表示没有被剥夺。在上述基础上考虑多个维度的贫困识别。用 c_i 表示每个个体被剥夺的总维度数。当 $c_i \geq k$ 时，$g_{ij}^k = 1$；当 $c_i < k$ 时，$g_{ij}^k = 0$，其中 g_{ij}^k 表示矩阵 g^k 的元素，即在 k 维贫困下个人或家庭的被剥夺情况。

（2）贫困加总。多维贫困发生率用公式表示为：

$$H = q/n \tag{2}$$

其中，q 表示贫困人口或家庭数（即 k 维贫困下被剥夺的人口或家庭数）。但其对贫困的分布和剥夺的深度、强度都不敏感。Alkire 和 Foster（2011）提出可以使用平均剥夺份额 A 进行修正。

$$A_j = |c_i(j)| / (qd) \tag{3}$$

其中，$c_i(j)$ 表示在 j 个维度下界定为贫困的第 i 个个体被剥夺维度数的总和，d 表示总维度数，用平均剥夺份额 A 对贫困发生率 H 进行调整后得到的多维贫困指数记为：

$$M_0 = HA \tag{4}$$

（二）农村老年人贫困现状

本文采用了 2014 年中国老年健康影响因素跟踪调查数据（CLHLS），该数据是由北京大学健康老龄与发展研究中心/国家发展研究院组织的老年人追踪调查，调查范围覆盖全国 23 个省份，调查对象为 65 岁及以上老年人和 35~64 岁成年子女。该调查项目在 1998 年进行基线调查，此后分别于 2000 年、2002 年、2005 年、2008~2009 年、2011~2012 年和 2014 年进行了跟踪调查。本文使用 CLHLS 数据库主要基于以下几点原因：第一，中国老龄健康影响因素跟踪调查是国内全国范围最早、坚持时间最长的社会科学调查。其中被访者问卷的调查内容涵盖老人及家庭基本状况、社会经济背景及家庭结构、经济来源和经济状况、健康和生活质量自评、认知功能、性格心理特征、日常活动能力、生活方式、生活照料、疾病治疗和医疗费用承担等，较好地覆盖了本文研究所需的各种关键信息数据。第二，CLHLS调查样本覆盖了中国大陆所有省级单位，样本具有广泛的代表性，因而可以保证研究结论具有一般性。第三，CLHLS是专门针对中老年人的调查，具有很高的专业性和针对性。第四，CLHLS调查时间正好处于新农保试点和推广期，可以很好地反映新农保对于农村老年贫困的影响。

根据研究目的，选取60岁及以上、居住在农村的老年人为研究对象。剔除缺失值后，最终得到有效样本3232个。本文选取经济、健康、精神、社交4个维度10个指标来考察老年多维贫困状况。具体而言，经济贫困维度用"全部经济来源是否能满足生活需要"来衡量；健康贫困维度用行走能力、吃饭能力、穿衣能力、洗澡能力、如厕能力、认知能力和医疗资源获得情况7个指标来衡量；精神贫困维度用是否经常感到心情低落、抑郁、孤独来衡量；社交贫困维度通过是否经常参与社交活动来衡量。具体指标、剥夺临界值及发生率如表1所示。

表1　各维度老年贫困的测度

维度	指标	剥夺临界值	人数	发生率（%）
经济贫困	收支情况	全部经济来源不能满足生活需要	520	16.09
健康贫困	行走能力	室内活动有困难、需要帮助或无法完成	189	5.85
	穿衣能力	自己穿衣有困难、需要帮助或无法完成	191	5.91
	吃饭能力	自己吃饭有困难、需要帮助或无法完成	110	3.40
	洗澡能力	自己洗澡有困难、需要帮助或无法完成	442	13.68
	如厕能力	自己上厕所有困难、需要帮助或无法完成	203	6.28
	认知能力	对现在时间和季节回答错误	178	5.51
	医疗资源获得情况	患重病时不能得到充足的医疗服务	86	2.66
精神贫困	心理状态	过去一年中有一半以上时间感到情绪低落、抑郁或者对爱好活动失去兴趣	111	3.43
社交贫困	社交活动频率	一年中几乎不参加任何社会活动	2743	84.87

从表1中可以看出，我国农村老年群体的经济贫困相比其余三类贫困并不严重，健康贫困和社交贫困应当受到更多关注。尤其是社交贫困，发生率高达84.87%，成为影响农村老年人生活质量的重要因素。

考虑到所选10个指标在老年基本生活需要中具有的重要性，因而采用等权重法构造 MPI。具体来说，分别给予 4 个维度 1/4 的权重，维度内的指标也采取等权重的方法，如收支情况指标、心理状态指标、社交活动频率指标各赋权 1/4，健康贫困维度中 7 个指标权重各为 1/28。本文应用 AF 方法测度了 $k=0.2$、$k=0.4$、$k=0.6$、$k=0.8$ 时我国农村老年人贫困发生率（H）、平均剥夺程度（A）和多维贫困指数（MPI），测度结果如表 2 所示。

表 2 2013 年中国农村老年多维贫困测度

贫困维度（K）	贫困发生率（H）	平均剥夺程度（A）	多维贫困指数（MPI）
0.2	0.868	0.316	0.275
0.4	0.183	0.533	0.098
0.6	0.029	0.714	0.021
0.8	0.001	0.920	0.001

从表 2 可以发现，随着贫困维度的增加，贫困发生率随之下降，但平均剥夺程度逐渐增加，整体而言多维贫困指数呈现下降趋势。以 $K=0.4$ 为例，18.3% 的农村老年人在 40% 的加权维度下被剥夺，平均剥夺程度为 53.3%，多维贫困指数为 0.098。

从表 3 可以看出，在家庭特征方面，子女探望人次与健在子女数量相比差别不大，说明多数子女能够经常探望父母。在经济支持方面，子女的收入转移成为农村老年人生活的主要经济来源。在该项调查的 3232 位农村老年人中，有 1815 人的主要生活来源为子女及孙子女的经济支持，占到 56.16%。在社会福利方面，农村老人社会医疗保险参与比例较大，相比之下基本养老保险的参与人数少之又少。说明农村老年人对新农合的认同度较高，而在养老观念上，更加偏好于家庭养老。在社区服务项目上，目前主要集中于简单的保健知识提供和上门看病、送药，而老年人最需要的起居照料、精神慰藉，社区的供给还远远不够。

表 3 主要解释变量描述性统计

变量	均值	标准差
年龄	83.163	10.191
男性	0.514	0.500
已婚	0.519	0.500

变量	均值	标准差
受教育程度	2.490	3.969
健在子女数量	3.798	1.712
养育儿子数量	2.179	1.279
同住家庭成员数量	2.356	1.904
子女经济支持	9311.508	37397.930
子女探望人次	3.420	1.786
医疗保险参与状况（未参加＝0）	0.800	0.400
养老保险参与状况（未参加＝0）	0.003	0.058
起居照料（有＝1，无＝0）	0.038	0.192
上门看病、送药（有＝1，无＝0）	0.379	0.485
精神慰藉（有＝1，无＝0）	0.077	0.267
日常购物（有＝1，无＝0）	0.109	0.312
组织社会和娱乐活动（有＝1，无＝0）	0.167	0.373
提供保健知识（有＝1，无＝0）	0.421	0.494

四、农村老年人多维贫困的影响因素分析

用实证模型表述个体陷入贫困的表达式为：

$$I^* = X\beta + \xi \tag{5}$$

假定 $I^* > 0$，表明个体处于该维度下的贫困状态；$I^* < 0$，表明个体在该维度下不处于贫困状态。X 为一组影响老年群体是否陷入贫困的变量，包括个人特征方面的年龄、性别、婚姻状况、受教育程度、幼年时期贫困状况变量，家庭特征方面的子女数量、养育儿子数量、同住家庭成员数量、子女经济支持、子女探望人次变量，以及社会福利特征方面的社会基本养老保险和社会基本医疗保险制度参与状况、社区服务提供情况等。

本文通过 Probit 模型来估计式（5），具体表达式为：

$$Poverty_i = \alpha + \beta X_i + \xi_i \tag{6}$$

与线性概率模型（LPM）不同，Probit 模型由于其非线性性，模型的系数仅提供了自变量对因变量影响的方向和显著性，但影响效应的大小不能直接反映出来。在实证研究中通常计算其在样本均值上的边际效应，表

达式为：

$$\frac{\partial I}{\partial X_j} = f\left(\overline{X}\hat{\beta}\right)\hat{\beta}_j \tag{7}$$

β 为式（7）的一组待估系数，如果随着自变量的增加，个体陷入老年贫困的概率随之上升，则相对应的系数 β_j 为正；反之，系数 β_j 为负。

本文以经济贫困、健康贫困、精神贫困和社交贫困作为衡量农村老年群体贫困的多维指标。其中，健康贫困从日常行为能力状况、病重时医疗资源可及性两个方面界定。日常行为能力，通过室内行走能力、吃饭能力、穿衣能力、洗澡能力、如厕能力、认知能力六个指标来衡量。其中任何一个指标显示能力丧失或病重时未能获得充足的医疗资源均视为健康贫困。表 4 报告了农村老年人贫困影响因素的 Probit 模型结果。

表 4　Probit 回归结果

变量	经济贫困		健康贫困		精神贫困		社交贫困	
	估计系数	边际效应	估计系数	边际效应	估计系数	边际效应	估计系数	边际效应
年龄	−0.005 (0.003)	−0.001 (0.001)	0.044*** (0.003)	0.011*** (0.001)	−0.007 (0.005)	−0.001 (0.000)	0.022*** (0.004)	0.005*** (0.001)
男性	0.102* (0.062)	0.024* (0.014)	−0.108* (0.063)	−0.027* (0.016)	0.007 (0.099)	0.000 (0.007)	−0.047 (0.065)	−0.010 (0.013)
受教育程度	−0.014 (0.009)	−0.003 (0.002)	−0.020* (0.011)	−0.005* (0.003)	−0.010 (0.015)	−0.001 (0.001)	−0.031*** (0.008)	−0.007*** (0.002)
在婚	−0.029 (0.065)	−0.007 (0.015)	−0.117* (0.066)	−0.029* (0.016)	−0.329*** (0.103)	−0.024*** (0.008)	−0.106 (0.069)	−0.022 (0.014)
幼年贫困	0.223*** (0.072)	0.052*** (0.016)	0.061 (0.071)	0.015 (0.018)	−0.052 (0.106)	−0.004 (0.009)	0.080 (0.071)	0.018 (0.016)
同住家庭成员数量	0.022 (0.014)	0.005 (0.003)	0.016 (0.014)	0.004 (0.003)	−0.012 (0.024)	−0.001 (0.002)	−0.001 (0.015)	−0.000 (0.003)
养育儿子数量	0.029 (0.026)	0.007 (0.006)	−0.041 (0.025)	−0.010 (0.006)	0.050 (0.041)	0.004 (0.003)	−0.006 (0.028)	−0.001 (0.006)
健在子女数量	−0.068*** (0.020)	−0.016*** (0.005)	−0.003 (0.019)	−0.001 (0.005)	−0.064** (0.031)	−0.005** (0.002)	0.003 (0.021)	0.001 (0.004)
子女经济支持×10^6	−2.690*** (1.010)	−0.628*** (0.235)	0.607 (0.702)	0.149 (0.172)	−0.298 (1.220)	−0.021 (0.086)	−1.120 (0.708)	−0.232 (0.147)

变量	经济贫困		健康贫困		精神贫困		社交贫困	
	估计系数	边际效应	估计系数	边际效应	估计系数	边际效应	估计系数	边际效应
子女探望人次	-0.094***	-0.022***	-0.082***	-0.020***	-0.043	-0.003	-0.027	-0.006
	(0.027)	(0.006)	(0.027)	(0.007)	(0.043)	(0.003)	(0.031)	(0.006)
养老保险参与状况	-0.036	-0.008	0.518	0.158	0.156	0.03	-0.173	-0.040
	(0.463)	(0.104)	(0.438)	(0.156)	(0.422)	(0.18)	(0.473)	(0.118)
医疗保险参与状况	0.278***	0.059***	-0.217***	-0.057***	-0.201*	-0.016*	0.277***	0.063***
	(0.074)	(0.014)	(0.068)	(0.019)	(0.103)	(0.009)	(0.068)	(0.017)
起居照料	0.250	0.065	-0.114	-0.027	0.091	0.007	0.027	0.005
	(0.160)	(0.046)	(0.156)	(0.034)	(0.233)	(0.019)	(0.146)	(0.030)
上门看病送药	-0.194***	-0.044***	-0.024	-0.006	0.050	0.004	-0.116*	-0.025*
	(0.063)	(0.014)	(0.062)	(0.015)	(0.100)	(0.007)	(0.065)	(0.014)
精神慰藉	0.055	0.013	0.028	0.007	0.047	0.003	-0.207**	-0.047*
	(0.120)	(0.029)	(0.113)	(0.029)	(0.176)	(0.013)	(0.105)	(0.026)
日常购物	-0.411***	-0.080***	-0.165*	-0.038*	-0.143	-0.009	0.245**	0.045***
	(0.108)	(0.017)	(0.098)	(0.021)	(0.158)	(0.009)	(0.098)	(0.016)
组织社会娱乐活动	-0.138	-0.031	-0.028	-0.007	0.102	0.008	-0.643***	-0.166***
	(0.088)	(0.019)	(0.083)	(0.020)	(0.128)	(0.010)	(0.074)	(0.023)
提供保健知识	-0.146**	-0.034**	0.030	0.007	-0.167	-0.012*	-0.172***	-0.036**
	(0.063)	(0.014)	(0.063)	(0.016)	(0.102)	(0.007)	(0.066)	(0.014)
常数	-0.537*		-4.290***		-0.731		-0.516	
	(0.299)		(0.305)		(0.459)		(0.319)	
观察值	2522		2522		2522		2522	
对数似然值	-1087.795		-1085.278		-367.144		-977.034	
Pseudo R^2	0.068		0.149		0.092		0.129	

注：①***、**、*分别表示在1%、5%、10%水平上显著；②括号内为标准误。

（1）内部风险对各类农村老年贫困的影响。个体特征中，年龄对健康贫困和社交贫困在1%的水平上具有显著影响，年龄越大陷入健康贫困和社交贫困的可能性越大。婚姻状况对健康贫困和精神贫困具有统计上的显著性，表现为在婚老年人在平均边际效应上陷入健康贫困的概率降低了2.9个百分点，陷入精神贫困的概率降低2.4个百分点，且分别在10%和1%的水平上显著。受教育程度对农村老年健康贫困和社交贫困变量具有重要影响，受教育程度越高农村老年人陷入两类贫困的概率越低，尤其对社交贫困作用明显。幼年时期的贫困状况显著影响了老年经济维度的贫困状况，表现为幼年时期贫困的个体相比非贫困个体，在平均边际效应上陷入老年经济贫困的概率增加 5.2%，且在 1% 水平上显著。

（2）外部风险对各类农村老年贫困的影响。①社会福利因素。新型农村基本医疗保险制度的参与状况对经济贫困、健康贫困、精神贫困和社会参与贫困均具有显著影响。参与新农合的老年人比未参与的老年人陷入健康贫困的概率降低了 5.7%，且在 1% 的水平上显著。参与基本养老保险制度也有利于降低农村老年贫困，但是在统计上并未表现出显著性。这可能是因为新农保限于财政压力，所能提供的保障层次和福利水平较低。在社区服务中，上门看病送药、日常购物可以明显降低农村老年人的经济贫困。社区工作人员通过提供各项服务，与老年人接触沟通的过程在不同程度上降低了农村老年人群的社交贫困概率。尤其是组织社会娱乐活动对降低老年社交贫困具有显著作用，在平均边际效应上可使陷入社交贫困的概率降低 16.6 个百分点，表明在改善老年人生活质量的各种举措中，应当更加注重发挥社区组织团体活动的重要作用。②家庭特征。健在子女数量、子女经济支持、子女探望人次对农村老年多维贫困具有统计上的显著影响。其中，健在子女数量越多，农村老年人陷入各类贫困的概率越低，健在子女数量每增加 1 人，农村老年人陷入经济贫困的概率降低 1.6%，且在 1% 的水平上显著；陷入精神贫困的概率降低 0.5%，且在 5% 的水平上显著，说明我国农村老年人目前主要依靠家庭子女作为养老保障，但是 Probit 回归结果中养育儿子数量对农村老年多维贫困并未表现出显著影响。这可能是因为社会中对男女贡献大小的不同标准，导致了在养老分工上的性别差异，女儿更可能为老年父母提供照料帮助，尤其当一方为女性高龄老人时，由女儿提供主要照料帮助的可能性更高。此外，与老人同住子女数量对农村老年多维贫困的影响也并不显著，这与 Zimmer 和 Kwong（2003）的结论一致。

五、结论与政策含义

本文采用 2014 年 CLHLS 调查数据，研究农村老年群体多维贫困的影响因素，主要的研究结论有：①我国农村老年群体的经济贫困相对并不严重，而健康贫困和社交贫困应当受到更多关注。社交贫困发生率高达

84.87%，成为影响农村老年人生活质量的重要因素。②社区提供的各项服务有助于降低农村老年人贫困的发生率。③参加基本养老保险制度或新农保有助于降低老年人的贫困概率，但参加新农保的影响在统计上不显著。④子女数量、子女经济支持及精神慰藉也有助于降低老年贫困的发生率。

本文的研究具有重要的政策含义：

第一，农村老年贫困具有多维性，减贫脱贫工作不能仅着眼于单一维度的经济贫困，新形势下老年人的健康贫困、精神贫困、社交贫困应该得到更多关注。

第二，根据本文研究结果，年龄、婚姻状况、受教育程度等因素都对农村老年多维贫困发生率产生重要影响。因此，农村老年人内部较强的异质性要求我们在提高基础福利的同时，要根据各类老年群体不同特点强化扶贫政策的针对性和有效性，重点关注孤寡老人、独居老人。更加重视老年贫困的预防工作，青壮年时期相比老年时期更容易通过改变自身禀赋条件减少陷入贫困的可能性，因而要积极解决青壮年群体的贫困问题，对贫困儿童给予更多关怀和帮助，尽量减少贫困的代际传递。

第三，家庭仍然是当前农村老年人主要依靠的养老保障，子女成为农村老年人主要经济支持和精神慰藉提供者，但是人口结构的巨大变化对其作用产生了一定冲击。为了保证老年人群生活质量，需要明确家庭、社区、政府等主体之间的责任，提高制度的风险分担能力。扩大基本养老保险制度在农村中的覆盖范围，提高福利给付水平，真正发挥社会养老制度对农村老年群体基本生活的保障作用。构建多层次医疗保障体系，在基本社会医疗保险基础上，建立医疗救助制度，预防老年人"因病致贫、因病返贫"现象。同时，充分发挥金融机构的作用，扩大社会保障的途径和种类；鼓励非政府组织的积极参与，并逐步使社会扶助组织化、规范化。构建以社会为依靠、以社区为依托、以家庭为依附的多元、立体的养老服务体系。

第四，社区服务在提高农村老年人生活质量方面扮演着不可替代的作用，但目前社区服务供给仍然有限，主要表现为服务种类不多、针对性不强、一些服务形同虚设。因此，社区服务的发展需要来自多方的人力、物力、财力支持，在政府鼓励的基础上充分发挥社会力量，这不仅有利于农村老年问题的改善，也可以催生大量的就业岗位。

参考文献

［1］Alkire S，Foster J. Counting and Multidimensional Poverty Measurement［J］. Journal of Public Economics，2011，95（8）：476-487.

［2］Callander E J，Schofield D J. Multidimensional Poverty and Health Status as a Predictor of Chronic Income Poverty［J］. Health Economics，2015，24（12）：1638-1643.

［3］Rank M R，Hirschl T A. The Occurrence of Poverty across the Life Cycle：Evidence from the PSID［J］. Journal of Policy Analysis and Management，2001，20（4）：737-755.

［4］Zimmer Z，Kwong J. Family Size and Support of Older Adults in Urban and Rural China：Current Effects and Future Implications［J］. Demography，2003（1）：23-44.

［5］Knodel J，Friedman J，Anh T S，et al. Intergenerational Exchanges in Vietnam：Family Size，Sex Composition，and the Location of Children［J］. Population Studies，2000，54（1）：89-104.

［6］阿马蒂亚·森. 贫穷与饥荒［M］. 北京：商务印书馆，2011.

［7］郭熙保，周强. 长期多维贫困、不平等与致贫因素［J］. 经济研究，2016（6）：143-156.

［8］高艳云. 中国城乡多维贫困的测度及比较［J］. 统计研究，2012（11）：61-66.

［9］姜向群，郑研辉. 中国老年人的主要生活来源及其经济保障问题分析［J］. 人口学刊，2013（2）：42-48.

［10］李建民. 中国农村计划生育夫妇养老问题及其社会养老保障机制研究［J］. 中国人口科学，2004（3）：40-48.

［11］乐章. 风险与保障：基于农村养老问题的一个实证分析［J］. 农业经济问题，2005（9）：68-73.

［12］乔晓春，张恺悌，孙陆军，等. 对中国老年贫困人口的估计［J］. 人口研究，2005（2）：8-15.

［13］沈扬扬，詹鹏，李实. 扶贫政策演进下的中国农村多维贫困［J］. 经济学动态，2018（7）：53-66.

［14］王德文，谢良地. 社区老年人口养老照护现状与发展对策［M］. 厦门：厦门大学出版社，2013.

［15］王小林，Sabina Alkire．中国多维贫困测量：估计和政策含义［J］．中国农村经济，2009（12）：4-23．

［16］杨晶．多维视角下农村贫困的测度与分析［J］．华东经济管理，2014（9）：33-38．

［17］杨立雄．中国老年贫困人口规模研究［J］．人口学刊，2011（4）：37-45．

［18］张全红，周强．中国贫困测度的多维方法和实证应用［J］．中国软科学，2015（7）：29-41．

深化部门预算编审改革的探索与研究

——以县级财政海宁为例

钱　薇　周益超　查梦元*

摘要　随着财政收支"紧平衡"成为新常态，深化预算管理制度改革的要求更高、中央和省里对财政运行的各项监管更严，推动部门预算编审改革成为加强财政资源统筹、切实提升政策效能和资金效益的必由之路。县域经济是推动地区经济发展的重要力量，是实现高质量发展、扎实推动共同富裕的关键。通过分析县级财政海宁市近年来在部门预算编审改革中的探索实践，总结当前深化部门预算编审改革的要点与难点，并提出相关对策建议，进一步提升预算管理的科学性、精准性和绩效水平。

关键词　部门预算；预算编审；绩效管理；预算管理一体化

近年来，随着《中华人民共和国预算法》（简称《预算法》）、《中华人民共和国预算法实施条例》（简称《预算法实施条例》）的制定与实施、我国部门预算改革的不断推进以及各地相关政策的陆续完善，部门预算编审的总体水平不断提高。但是，从预算执行、预算管理效果和审计部门对各级政府部门的预算审计情况来看，地方部门预算管理仍存在一些问题，如预算编制方法比较单一、预算编制定额标准不够准确、预算监督机制不够有效等。对县级市海宁市而言，在税收收入增长缓慢、土地财政不可持续的新形势下，要更加充分地发挥部门预算编审改革的先行军作用，将有限的财力在县域经济和社会事业发展中用足用好。目前关于部门预算编审改革的探索性研究较少，更多的研究还是从宏观方面来分析我国预算管理的现状与存在的问题，缺少针对县级层面如何在预算相关政策不断更

---

*　作者简介：钱薇，海宁市财政局副局长。周益超，海宁市财政局预算局（税政科）局长。查梦元，海宁市财政局预算编制中心副主任。

迭完善情况下深化部门预算改革的具体研究。本文从县级财政的角度出发，结合海宁市近年来在部门预算管理工作中的探索实践，总结经验与不足，剖析制约部门预算编审改革的影响因素，提出深化预算管理制度改革的相关建议，从而进一步提高财政资金使用效益、增强财政统筹能力，助推海宁市高质量发展建设共同富裕示范区。

一、深化部门预算编审改革的背景与意义

（一）保障实现政府职能

财政是国家治理的基础和重要支柱，而预算是政府活动和宏观政策的集中反映，经济社会的高质量发展更是离不开财政预算的高绩效保障。部门预算是我国政府预算制度的主要内容，是政府筹集和使用财政资金的重要手段，部门预算编制的质量直接影响政府职能的发挥和财政政策的执行（李鑫鑫，2021）。做好部门预算工作有利于保障行政事业单位更好地履职，通过编制并实施部门预算、落实部门整体绩效与预算编制挂钩，可对预算单位的预算资金使用起到监督作用，进一步保证预算单位收支的合理性、财政资金使用的科学性，进而让财政资金发挥最大的"乘数效应"。

（二）完善预算管理制度

近年来，财政收支矛盾越发突出，地方财政将处于并长期处于"紧平衡"状态，加之预算管理统筹力度不足、政府过紧日子意识尚未牢固树立、预算约束不够有力以及预算公开内容仍需拓展等问题，对进一步完善预算管理制度提出了更高的要求。行政事业单位的部门预算是政府预算管理体系中的一个重要组成部分，实施部门预算制度是财政支出管理改革的一项重要举措（林丽丹，2020）。通过细化预算编审方法、完善支出标准建设和构建集中财力办大事财政政策体系等举措进一步深化部门预算编审改革，有利于加强宏观调控，实现财政收支平衡。

（三）推进预算管理一体化建设

随着预算制度改革进入"深水区"、攻坚期，为进一步实现预算制度的改革目标，推动预算管理一体化建设成为完善财政基础工作、深化预算管理制度改革的必然选择（王银梅等，2021）。根据国务院对深化预算管理制度改革的有关要求，浙江省牢固树立"全省一盘棋"思想，以数字赋能预算编制、执行和监督各环节，利用系统化思维和信息化手段深化部门预算编审改革，有助于实现各级政府预算之间、各预算管理环节之间、部门预算与单位预算之间的有效衔接控制，推动预算管理一体化，加快建立有浙江特色的现代财政制度。

二、海宁市深化部门预算编审改革的探索实践

海宁市立足实际，积极探索部门预算编审改革的有效路径。2021年，海宁市共有56个部门、256个单位纳入市级部门预算编制范围。通过问卷调查的方式，以56个市级预算部门为调查研究对象，了解部门对于预算编审改革的关注重点与真实意见，更好地剖析海宁市深化部门预算编审改革的现状。本次调查共采集有效问卷103份，其中包括预算部门人员80份、财政系统人员18份和其他人员5份。通过分析问卷结果可知：

（一）目前的预算编审制度比较科学合理

通过比对预算编制是否符合零基预算要求、是否制定合理的定额支出标准、是否厉行节约坚持政府过紧日子要求、是否遵循轻重缓急按序保障重点工作资金等要求，83位受访者认为目前海宁市的部门预算编审制度比较科学合理，占比为80.6%，而20位受访者认为一般，无受访者选择不太科学合理或不了解。由此可知，103位受访者对海宁市部门预算编审制度都有一定的了解，均为直接或间接参与过预算编审工作的人员。进一步探讨目前基本支出中哪些定额支出标准比较科学合理时，一半以上的受访者认为福利费、日常公用经费定额的标准比较科学合理（见图1）。

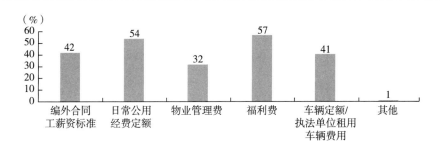

图1　基本支出中比较科学合理的定额支出标准

（二）基本支出标准体系建设仍需完善

通过"目前基本支出中哪一个定额支出标准最需要修改并说明原因"这一问题可知，三成多的受访者认为编外合同工薪资标准是最需要修改的定额支出标准，其次分别为日常公用经费定额、物业管理费、福利费、车辆定额/执法单位租用车辆费用，仅有11%的受访者认为目前的基本支出标准体系合理无修改建议（见图2）。进一步分析修改原因后可知，基于社保上浮、工作量增大和提高工作积极性等因素，预算部门希望可以提高编外合同工薪资标准，进一步稳定队伍；基于公用经费分档多使用范围广、小单位编制少额度小和疫情防控支出增加等因素，日常公用经费定额标准需进一步优化，且有80.6%的受访者非常赞同或较赞同简化公用经费标准；基于保洁、保安、绿化等人工费用上浮，电梯、消防、空调等维修费用上涨，物业管理费定额标准与市场价格相互影响，需更好地找到一个平衡点；此外，福利费的标准制定需综合考虑子女幼托费与医疗费用的报销，车辆定额/执法单位租用车辆费用也需综合考虑维修等情况。

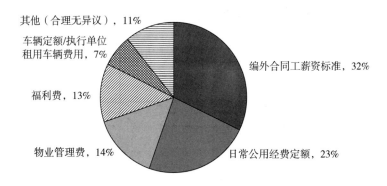

图2　基本支出中最需要修改的定额支出标准

（三）部门预算编审流程简化成为趋势

目前，海宁市部门预算编审实行的是"二上二下"的流程，预算单位需根据海宁市财政局下发的编制文件编制收入预算和支出预算，经主管部门审核、分析、汇总后上报至市财政局各归口业务科室，主要包括基本支出与项目支出，编报程序较多、较复杂。通过"您觉得部门编审流程可以如何优化"这一问题可知，74.8%的受访者认为可以对接人社局，统一导入基本工资福利支出，省去单位录入与财政核对环节；51.5%的受访者支持主管部门与下属单位进行并账处理，简化预算编制流程，如行政参公并账、事业单位并账等；28.2%的受访者赞同引入第三方参与审核，坚持政府过紧日子要求，更客观地根据市级各单位重点工作安排专项资金。

（四）部门绩效评价结果运用有待加强

通过"您认为目前海宁市部门整体绩效评价结果是否有效运用"这一问题可知，21.4%的受访者认为海宁市整体绩效评价结果运用非常好，52.4%的受访者认为比较好，另有26.2%的受访者认为绩效评价结果运用一般、流于形式，没有真正做到绩效先行。针对预算单位人员进一步分析对于本单位2020年重点项目、重大政策的绩效目标完成度的评价后可知，37.5%的受访者认为绩效目标完成度非常好，57.5%的受访者认为比较好，另有5%的受访者认为一般，需进一步采取措施推动部门整体绩效预算改革、加强部门绩效评价结果有效运用。

（五）部门预算编审改革有待深化

通过词云图①对"您认为目前部门预算编审过程中最困难、最需要改进的地方及有何完善建议"这一开放性问题的文本进行分析，其结果如图3所示。由此可知，"预算、单位、部门、建议、系统、公用经费、简化、编制、定额标准、绩效"是出现最多的十个词语，说明受访者较关注预算系统、公用经费、定额标准、绩效运用等因素，而深化部门预算编审改革

---

① 词云图可对文本中出现频率较高的关键词予以视觉上的突出，过滤掉部分低频低质量的词语，形成关键词云层。

需进一步推动预算系统优化、编审流程简化、公用经费科学化、定额标准规范化、绩效运用高效化。

图3 深化部门预算编审改革相关建议词云

三、海宁市深化部门预算编审改革中存在的问题

（一）预算支出标准不够科学

部门预算支出标准是为保证规范、合理、科学地分配财政预算资金而建立的支出预算编制标准，是根据经济社会发展、国家政策变化、政府履职需要等情况动态调整并完善的。部门预算包括基本支出和项目支出，其

中：基本支出推行定员定额管理，主要包括编外合同工薪资标准、日常公用经费定额、物业管理费、福利费、车辆定额等支出标准，通过问卷调查结果可知，不同的定额支出标准均有修改的需求与完善的空间；项目支出根据项目类别与开支范围也有相应的财政标准，包括法定标准、固定标准和暂定标准，但是由于各地差异性，很多省级、地市级支出标准并不完全适用于县级市，而县市级标准缺乏定期调整机制，并未统一更新，部分标准的科学性、项目编制的精准性不足，造成了执行进度慢和追加调整多的局面。

（二）预算编审流程有待优化

部门预算是一部全面完整地反映各部门收支活动及业务活动的综合财政计划，是政府和立法机关对预算进行管理和控制的基本框架。在现行的"二上二下"预算编制流程中，相关重点环节有待规范与优化。一方面，预算编制的基础资料信息全靠手工录入与核对，尚未与工资统发系统、资产云、个税系统和决算系统等做好数据衔接，无法实行动态管理与调整，且主管部门与预算单位大多为独立核算单位，导致预算编制时工作任务繁重；另一方面，部门专项、信息化项目和政府投资项目等支出的预算编审机制有待完善，提出预算安排建议时未对市级各单位重点工作的事前绩效评估、上年度支出进度等进行综合考虑。

（三）预算绩效评价结果运用不足

中央要求全面推进预算和绩效管理一体化改革，建成"全方位、全过程、全覆盖"的预算绩效管理体系，但是目前"重投入轻管理、重支出轻绩效"的现象依然存在，预算绩效评价流于形式、结果运用不足。一方面，预算和绩效管理依然存在"两张皮"现象（李祥云，2020），部门预算绩效管理的内生动力不足，绩效理念和责任意识有待加深，未完全做到按照绩效原则分配财政资源，切实提高财政资金绩效还未取得实质性成果。另一方面，预算绩效管理制度机制有待健全，存在绩效指标编报质量差、绩效指标编报科学性低、部分项目设置的指标间相关性不强、绩效激励约束不够等问题。此外，财政监督相较于审计、纪检等监督，处理处罚力度和威慑力还不够，难以在事前、事中对财政资金事项进行实质性监督。

（四）预算编审管理机制不够完善

部门预算编审制度改革是一项系统性的改革，不仅需要财政部门的持续努力，而且需要党委、人大、政府、纪委、审计、主管部门和预算单位的支持与配合。目前，预算编审管理机制尚不够完善，与日益深化的预算管理一体化要求仍有较大差距。一方面，预算部门内部协调不够充分。在部门预算编审过程中，一般由业务部门负责编制，财务部门负责审核，但由于财务部门不懂业务、业务部门不懂财务，如未建立有效联动机制会造成编制审核中存在的分歧无法有效解决、专项资金安排不够合理，进而影响项目的支出进度与财政资金的使用效益。另一方面，职能部门外部协作不够到位。每年审计局都会对部门预算开展审计工作，有些预算部门的预算执行问题始终存在，未与其绩效管理、业务考核建立强有力的联动机制。此外，不同条线部门间的信息共享机制、成果利用机制等还不够完善，如人社部门的工资统发系统尚未衔接财政部门的预算编制系统，不能直接使用工资统发信息以提高预算编制的效率和效果。

四、深化部门预算编审改革的对策与建议

（一）以厉行节约为指引，加快推进预算支出标准体系建设

一是结合预算单位职能职责，进一步完善基本支出分类分档定额标准。通过实地走访部门、调研周边县市后，海宁市财政局联合编办明确了编外合同工经费预算标准，进一步优化编外合同工的经费保障。根据问卷调查结果，2022 年部门预算编审方案中适当合并公用经费档次，由之前的 7 类 14 档归并为 4 类 4 档，在坚决落实政府过紧日子要求的同时简化、优化公用经费标准，便于单位进行并账。此外，进一步完善物业管理费、福利费、车辆定额等支出标准，健全厉行节约长效机制。二是加强财政资金统筹，进一步提高项目支出预算编制精准性。一方面，积极探索构建零基预算管理新模式，立足全局系统谋划年度目标任务，以单位的事业发展目标和市政府重点工作任务为引领，据实合理安排项目预算，建立节约型

财政保障机制；另一方面，对照全省统一的预算标准体系，优化项目支出标准类别与开支范围，从县级的适用层面统一项目大类、项目小类、明细项目类型和支出标准四个层级，便于部门间横向比较，建立健全预算支出标准体系，规范预算编制管理。

（二）以数字赋能为依托，有效实现部门预算编审流程优化

一是全面实施预算管理一体化，推动部门预算全过程管理。根据财政部数据上行要求，浙江省预算管理一体化系统于 2021 年 6 月上线运行，2022 年全省所有政府及部门预算将在新系统中进行编审，以此为契机全面清理预算编制系统冗余数据，逐步整合预算编制、政府采购、资产管理、预算执行、预算批复、预算调整和调剂等主要环节，有序推进财政系统的集成，形成预算全过程闭环管理的财政整体智治系统，提高财政和部门间数据的互联互通和共享共用，为部门预算编审工作提供更高效的技术支撑。二是加强预算项目库管理，推进项目预算全生命周期管理。依托预算管理一体化系统，强化项目入库管理，建立从项目储备设立开始，贯穿预算编报、项目审核、项目核定、绩效管理的项目全过程管理机制，充分发挥项目库的基础支撑作用，有效避免"钱等项目"。同时，进一步优化项目管理机制，完善部门联审机制，其中新增信息化项目必须报送市政务数据办，政府投资项目则需根据海宁市发展改革委下达的受理通知书（或批复项目建议书），由建设单位将该项目纳入储备项目库，而后海宁市财政局会同海宁市发展改革局进行联审，提出预算安排建议，将预算支出全部以项目形式纳入预算项目库进行分类管理，进一步有效规范预算编审的流程，迭代升级集中财力办大事政策体系。

（三）以绩效改革为抓手，全面提升部门整体绩效管理水平

一是全面推进"预算与绩效"深度融合的部门整体绩效预算改革。海宁市出台了部门整体绩效管理改革实施方案，分三年采取"试点—扩面—全覆盖"的模式，建立与部门整体绩效相挂钩的预算分配机制和奖惩机制，将评价结果在 2022 年部门预算编审中予以运用，评价结果为优秀的部门适当提高公用经费额度，并在预算执行时给予更多的自主权，从而进一步推进部门行政绩效与资金绩效有机融合，推动项目绩效管理向整体绩

效管理转变。二是建立健全共性和个性的预算绩效指标和目标体系。在梳理、分析和提炼部门主要工作和重点工作的基础上，将部门运转、履职等方面涉及的各项指标融入整体支出绩效评价指标体系，并在评价过程中随时根据实际情况完善和丰富。此外，部门整体绩效目标随部门预算同步提交，主管部门对本部门整体绩效目标的完整性、相关性、可行性自查审核，财政部门对指标予以终审，通过分级审核，层层把关，推动预算绩效管理标准科学、程序规范、方法合理、结果可信。三是坚持结果导向，压实责任系统推进。压实预算部门主体责任，对重大项目的责任人实行绩效终身责任追究制，原则上优先保障绩效好的政策和项目，督促整改绩效一般的政策和项目，调整交叉重复、碎片化的政策和项目，削减低效、无效资金。此外，进一步推进绩效信息公开，重要绩效目标、绩效评价结果要与预决算草案同步报送同级人大、同步向社会主动公开，加强财政监督威慑力，加快建成全方位、全过程、全覆盖的预算绩效管理体系。

（四）以部门联动为导向，持续深化部门预算管理制度改革

一是明确主体责任，加强部门内部协调。充分发挥预算部门、单位的主体作用，建立以部门主要领导为负责人的预算编审小组，由人事、财务、办公室及业务科室主要人员组成。业务人员根据下一年度工作计划制定项目支出预算后，财务人员根据项目以往支出进度与绩效评价严格把关，再提交至预算编审小组进行开会讨论，建立整体有效的沟通联动机制，保证预算编制精准有效。二是整合职能优势，强化部门外部联动。建立起市政府统一领导、人大全面监督、财政部门牵头管理、预算部门具体负责、各职能部门协调配合、社会广泛参与的预算编审管理机制，充分利用绩效评价、审计报告、巡察结果等载体，推动部门预算编审工作高效落实。三是引入第三方审查，探索公众参与式预算。邀请人大代表、政协委员、部门代表、乡镇代表和中介机构等第三方人员组成审查小组，听取部门基本情况、预算总体安排情况及预算整体绩效目标、重点专项资金安排情况及项目绩效目标等事项的汇报，使财政预算编制与执行受到直接的监督，形成一种倒逼机制和良性循环机制，促使单位在编制预算时充分考虑资金绩效，提高资金利用率，使财政预算编制更科学、预算执行更规范。

参考文献

[1] 李鑫鑫．县级部门预算编制与执行中存在的问题及对策研究

［J］．中国管理信息化，2021，24（4）：12-13.

　　［2］林丽丹．在深化预算制度改革背景下行政事业单位提升预算管理水平方法研究［J］．财务管理研究，2020（12）：107-110.

　　［3］王银梅，王赓，李萌．预算管理一体化规范与绩效运行监控［J］．财政监督，2021（12）：55-61.

　　［4］李祥云．我国地方财政实施预算绩效管理的效果、问题与政策建议：基于湖北省直预算单位和市县财政局的问卷调查［J］．华中师范大学学报（人文社会科学版），2020，59（5）：50-58.

财政支持乡村产业发展的研究

——以缙云县为例

郑彬博　童　宵*

摘要　实施乡村振兴是我国全面建设社会主义现代化国家伟大战略实践中的重要部分、对于实现第二个百年奋斗目标具有全局性和历史性意义，在当下的新农村构建、产业结构调整、缩小贫富差距等方面具有关键作用。产业振兴是乡村振兴的基础，产业兴旺是解决农村一切问题的前提，在进入新发展阶段、贯彻新发展理念，构建新发展格局的大背景下，必须要着力建设高质量的乡村产业。浙江省是乡村振兴的先行省份，缙云县作为浙江省农业规模较大的县区，近年来积极转变发展策略，大力助推乡村产业发展。本文以浙江省缙云县为例，阐述缙云县财政支持乡村产业发展的现状与成效，继而从财政资金支持的总量、结构与方式等方面剖析缙云县财政投入中存在的资金不足、扶持方式单一、绩效评价监督不足等问题，并结合地方发展需求，提出合理的对策建议。

关键词　乡村振兴；产业振兴；财政支持；浙江缙云

一、研究背景

党的十九大提出实施乡村振兴战略，要求"产业兴旺、生态宜居、乡风文明、治理有效、生活富裕"，这是以习近平同志为核心的党中央从全局出发，怀揣为民谋福祉心愿，总揽国家事业全局，深刻把握现代化建设规律和城乡关系变化特征，顺应亿万农民对美好生活向往的宏图战略。

---

*　作者简介：郑彬博，浙江财经大学东方学院财税学院讲师。童宵，浙江财经大学东方学院学生。

《中共中央　国务院关于实施乡村振兴战略的意见》《中共中央　国务院印发〈乡村振兴战略规划（2018-2022 年）〉》《农业农村部印发〈全国乡村产业发展规划（2020-2025 年）〉》《中共中央　国务院关于全面推进乡村振兴加快农业农村现代化的意见》等，也充分反映了乡村振兴的重大战略意义。乡村振兴以产业振兴为基石，有了产业兴旺，才有生活富裕，所以产业振兴在整个乡村振兴战略中显得尤为重要，其是引领广大农民群众和全国人民一道迈向共同富裕的必经之路。

浙江省是"两山"理念的发源地，具有乡村振兴的先行印记（陈斯佳等，2020），是在全国较早开展乡村振兴的省份之一，农村发展起步早、基础好、效果佳。自党的十九大提出乡村振兴以来全省把乡村振兴作为高水平全面建成小康社会的重要抓手，多年来坚持推动"千村示范，万村整治"工程，稳扎稳打，各地创新乡村振兴发展思路，涌现出一批乡村振兴的"名县名乡（镇）名村"，持续引领全国乡村振兴工作。浙江省缙云县依托其独特的地理位置，立足农业资源禀赋和比较优势，构建出了乡村产业的优势区域布局和专业化生产格局。近年来，县财政统筹有限财力，突出契合生态优势的产业发展定位，优化生产要素布局，充分激发农村发展活力，以财政资金的投入增添产业发展动能、撬动经济效益，加快实现"生态美、百姓富"的目标，推动农民增收持续领跑全省（余丽生、朱航，2021）。本文即以浙江省缙云县为例，为乡村振兴工作提供产业振兴的财政经验。

二、缙云县财政支持乡村产业发展的方式及成效

缙云县坐落在浙江南部腹地、中南部的丘陵山区，山地、丘陵约占总面积的 80%，全境地形东、西、南三面环山，自然环境良好，是一个经济欠发达的山区县，受地理环境以及历史因素影响，以工促农、以城带乡的能力较弱，再加上地方财力有限，人口分散，集聚度底，全县农村呈现出村多面广、规模小、发展基础较为薄弱的特点。近年来，由于乡村产业发展支持力度持续加大，对缙云县等山区县乡村建设的财政补助力度也得以加大，在补助标准上有适当倾斜，使缙云县得以发展特色产业，为农村扶贫、农民增收等工作提供了有力支撑。

（一）财政扶持村集体经济发展

缙云县地处山区，自然村落经济薄弱，部分村庄因地处偏远，乡村集体资源匮乏，增收渠道较少，村集体收入主要来源于各级财政的补助收入。近年来政府加大财政资金投入，大力促进经济薄弱村的消除减少工作。县政府积极申报上级政府的相关项目，争取并投入多种用途的财政资金用于乡村产业发展，推动光伏小康工程、物业经济、飞地抱团、易地搬迁等项目资源更多地向集体经济薄弱村倾斜。截至 2021 年，缙云县发展壮大村集体经济项目库共有项目 118 个，在加快转变农业发展方式、促进农民增收、推进精准扶贫以及促进乡村经济发展上取得了明显成效。

1. 推动光伏项目建设

2017 年始，缙云县被列入省级"光伏小康工程"试点县，县政府制订缙云县"光伏小康工程"实施方案，项目以财政兜底、政府出资 49%，企业出资 51% 的形式在三年内共计投入财政资金 3.36 亿元，县、乡、村三级联动，通过分散、集中、规模等形式，以光伏式供电系统覆盖壶镇、新建镇村的集体公共建筑屋顶以及村级集体的荒山地块发电。财政投入资金，村级集体出地，引入光伏企业建设，建设大型农光互补光伏地面基站，试点村以资金、土地入股，按投入比例获得分配收益，收益由国资公司拨付给乡镇的强村集体经济发展有限公司，公司再根据实际情况将收益量化给所辖各村，综合年收益在 8% 以上（见表 1）。《缙云县光伏小康工程收益分配实施方案（试行）》另外规定：89 个省定扶贫重点帮扶村；116 个省定集体经济薄弱村以及建档立卡低收入农户共同分享项目收益。在光伏发电的基础上，缙云县试点探索"光伏+移民后扶"模式，通过"移民资金+专项资金"的财政资金整合方式，促进村集体经济发展。

表 1　2021 年缙云县光伏小康工程股权分红清单

序号	乡镇街道	总持股比例	乡镇合计（万元）
1	五云街道	0.0358	40.6538
2	壶镇镇	0.1666	189.0878
3	新建镇	0.0988	112.1956

序号	乡镇街道	总持股比例	乡镇合计（万元）
4	东渡镇	0.0770	87.4398
5	东方镇	0.0332	37.7014
6	舒洪镇	0.0138	14.5356
7	大洋镇	0.0698	79.2636
8	大源镇	0.0772	87.6672
9	溶江乡	0.0246	27.9530
10	双溪口乡	0.0402	45.6504
11	七里乡	0.1222	138.7686
12	胡源乡	0.0222	25.2098
13	前路乡	0.0268	30.4336
14	方溪乡	0.0206	23.3930
15	石笕乡	0.0206	29.5252
16	仙都街道	0.0136	24.3014
17	新碧街道	0.0214	15.4440
18	三溪乡	0.0144	16.3524
合计		0.8988	1224.0256
其中：持股村分红 县级统筹 壶镇镇镇级电站			1025.6580 109.9226 88.4450
共享收益		0.1012	137.8186

资料来源：缙云县财政局。

2. 促进茶产业发展

溶江乡的茶产业也是财政投入村集体经济发展中颇有成效的一个典范。2018 年溶江乡的村庄抓住机遇申报省扶持村集体经济发展试点村，争取到了省级补助资金 260 万元，用于建设多功能乡村旅游接待中心，以出租的方式获取利润，截至 2021 年该项目取得年均租金收入 10 余万元，有力地推动了村集体经济发展。自 2020 年新冠肺炎疫情暴发以来，缙云县出台《缙云县应对疫情解决茶叶产业贷款贴息的专项政策》，为茶叶生产经营主体、营销大户提供年利率 4.35% 的低息纯信用贷款，享受首贷首月免息政策，县财政部门按照优惠利率 50% 标准给予贴息补助，贷款金额用来购置农机用具，此举有效盘活了资源并推动了村集体经济发展，村级集体经济收入逐年递增，从 2016 年的 9449 万元已增长到 2021 年的 23500 万元，年均增长率为 19.99%（见图 1）。

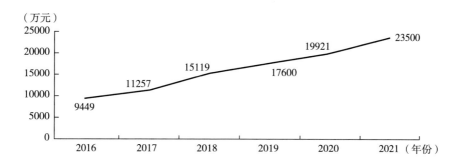

图 1　2016~2021 年缙云县村集体经济收入

资料来源：缙云县政府工作报告。

与此同时，县政府每年还针对收益较好的村集体示范乡镇和优秀的村集体经济项目，提供额外的奖补资金以激励村集体经济发展（见表 2）。

表 2　2021 年缙云县村集体增收示范乡镇和优秀村级集体
经济项目奖补资金明细

序号	乡镇街道	村别	奖补类型	项目名称	金额（万元）
1	大源镇	—	村集体增收示范乡镇	—	50
2	石笕乡	石笕村、三坑村、莲花村、五莲村、蒙坑村	优秀村级集体经济发展项目	油茶厂项目	10
3	壶镇镇	联丰村	优质待扶持村	万莲花海、卡丁乐园项目	5
4	壶镇镇	吉安村	优质待扶持村	陶器艺术文化振兴与发展项目	5
5	新碧街道	下小溪村	优质待扶持村	市场商铺项目	5
6	新碧街道	黄碧街村	优质待扶持村	超市大楼项目	5
7	双溪口乡	东里村	优质待扶持村	葡萄园套种项目	5
8	双溪口乡	南源村	优质待扶持村	村企合作经济发展增收项目	5
9	大源镇	庙下村	优质待扶持村	农副产品保鲜冷库项目	5

续表

序号	乡镇街道	村别	奖补类型	项目名称	金额（万元）
10	大洋镇	和合村	优质待扶持村	村委楼光伏发电项目	5
11	胡源乡	蛟坑村	优质待扶持村	扶贫木屋小店铺项目	5
合计	—	—	—	—	105

资料来源：缙云县财政局。

（二）财政投入打造乡愁富民产业示范区

"乡愁产业"是对"乡愁"资源活化、转化、物化、商业化、产品化、市场化的新型产业业态（胡豹，2016）。"乡愁富民产业"这一概念最早出现在2016年的缙云县政府工作报告中，产业主要是指缙云烧饼、缙云土面、缙云民宿、缙云虾农、缙云石艺、缙云工匠、缙云黄茶、缙云黄酒、缙云乡宴、缙云婺剧、黄帝养生等十五大产业。2019年缙云县发展和改革局、缙云县农业农村局印发了《缙云县乡愁富民产业高质量发展试验区建设规划》，2021年发布了《中共缙云县委　缙云县人民政府关于提升乡愁产业加快富民增收的意见》等，以乡愁富民产业为重点，发展绿色高质量农业。县财政安排富民增收专项资金从2014年的8100万元提升到2020年的1.2亿元。2017~2020年缙云县依靠省财政的支持，累计争取省级以上试点类、扶持类涉农项目38个共计9.13亿元（见图2）。下文以涉及人民生产生活的农机补贴、农民培训、民宿产业等主要几个方面为例。

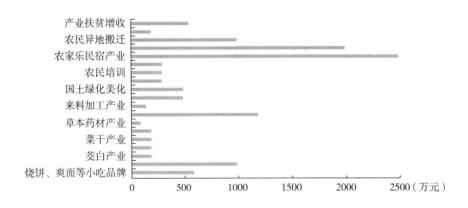

图2　部分乡愁富民产业投入资金

资料来源：缙云县政府。

1. 农业生产方面

农业方面，缙云县推出五彩农业（"两黄、两白、一灰、一红、一黑"；"两黄"为烧饼和黄茶，"两白"为茭白和爽面，"一灰"为麻鸭，"一红"为杨梅，"一黑"为梅干菜)，财政资金注入人才培训、经营示范点建设、梯队建设、经营模式转型、经营主体培育、原料基地建设等模块。通过规模化发展，壮大农业主体和专业合作社，延伸产业链，来提高产品的附加值，增加影响力。

2021年为鼓励爽面作坊发展，缙云县对取得生产经营登记证的3家小作坊进行验收补助，分别给予0.5万元奖励，再给予示范作坊1万元奖励。另外，2021年度县财政对7笔粮食生产贷款进行全额贴息，共计5余万元，以促进家庭农场发展。

与此同时，缙云县人民政府依据中央和省级的农机购置补贴机具范围，印发《缙云县2018-2020年农机购置补贴实施方案（征求意见稿）》《缙云县2021-2023年农机购置补贴实施方案》，对农机购置补贴资金实行定额补贴，在中央财政资金最高补贴50%基础上，实行累加定额补贴，资金由省与县共同承担，其中县财政承担40%。在金额执行上，年度内中央资金个人不超过30万元，农业生产经营组织不超过80万元，省级以上示范性农民（农机）专业合作社、家庭农场不超过100万元；省级资金个人不超过15万元，农业生产经营组织不超过50万元。2020年缙云县共结算五批次农机购置补贴资金，使用补贴资金162.239万元。中央补贴资金138.499万元，省级补贴资金10.39万元，县级配套与累加补贴资金13.35万元，共补贴658户，843台（套）农机具，带动农民投入资金547.7852万元（见表3）。补贴机械包括茶叶炒（烘）干机、茶树修剪机、微耕机等。

表3　2020年农机补贴

项目	农机补贴情况
中央补贴分配资金	240.5835万元
中央补贴使用资金（含报废）	138.499万元
中央补贴结算资金（含报废）	138.499万元
中央补贴使用比例（含报废）	57.57%
省补分配资金	15万元

续表

项目	农机补贴情况
省补使用资金	10.39 万元
县补使用资金	13.35 万元
省补使用比例	69.27%
中央报废使用资金	0
中央报废使用比例	0.00%
中央报废结算使用资金	0
中央报废结算比例	0.00%
单独报废使用资金	0

资料来源：缙云县财政局。

2. 人才补贴方面

人才方面，缙云县开展"千万农民素质提升工程"，2021 年全年开展农民培训 7153 人，培训各类实用人才 684 人、高素质农民 150 人。"千万农民素质提升工程"补助金类别分为普及性培训资金、实用人才培训资金、实用人才培训考证费三类，共计 120 余万元（见表 4）。普及性培训资金涵盖：茶叶种植技术与茶艺培训、缙云小吃制作培训，农药化肥减量和秸秆综合利用技术培训等农业技术类培训；农特产品带货直播培训、农村抖音短视频制作培训、多多买菜基础知识培训等电商网络类培训；老年护理知识培训、救护员培训，常见传染病自我防护知识培训等生活常识培训。实用人才培训资金涵盖农家乐民宿培训、宴席师培训、缙云烧饼培训、家庭农场管理培训等由主管部门牵头举办的人才培训。

表 4　2021 年"千万农民素质提升工程"资金补助汇总

项目	实用人才（元）	普及性（元）	考证费（元）	合计（元）
核定补助总金额	489200	715300	7955	1212455

资料来源：缙云县农业农村局。

3. 民宿旅游产业方面

民宿旅游产业方面，缙云县本身自然地域条件优质，生态环境良好，山林众多，森林覆盖率约占 80%，连续四年入选"中国深呼吸小城 100

佳"评比活动。全县共有旅游资源单体近 400 个，其中五级旅游资源 5 个，四级旅游资源 6 个，总数处于丽水各县前列。财政投入专项的发展资金，并整合历史文化村落保护与利用、一事一议、历史文化名村等项目资金，依托文化遗产为载体，以国家级全域旅游示范县和省文旅产业融合试验区建设为抓手，发展文旅产业。

根据《中共缙云县委办公室　缙云县人民政府办公室关于大力扶持农家乐民宿经济发展的实施意见（试行）》（缙委办发〔2016〕29 号），缙云县通过县财政补助农家乐民宿，分别对 2016 年 1 月 1 日以后开业的农家乐民宿经营户（点）、民宿示范村、民宿示范乡镇（街道）、重大农家乐民宿综合体项目、美丽经济业态发展、营销项目进行补助，助推缙云县民宿旅游业发展（见表 5）。

表 5　农家乐民宿补助方案

序号	项目	对象与金额
1	农家乐民宿经营户（点）创建补助	民宿经营 6 个月，有独立干湿分离卫生间的房间补助 5000 元/间，有独立干湿未分离卫生间的房间补助 3000 元/间
2	农家乐民宿经营户（点）提升补助	原农家乐（普通民宿）通过改造提升为普通和精品民宿，经验收合格后，给予一次性以奖代补 2 万元和 4 万元
3	农家乐民宿经营户（点）评定补助	被市、省评为三星级、四星级、五星级农家乐民宿的经营户（点）给予一次性以奖代补 1 万元、3 万元、5 万元；被评为市、省级农家乐民宿特色点（示范点）分别再给予一次性以奖代补 5 万元、10 万元
4	民宿示范乡镇（街道）补助	乡镇（街道）每成功创建一个民宿示范村给予 10 万元的工作经费，成功创建市级民宿示范乡镇（街道）再给予 20 万元的工作经费，由乡镇（街道）统筹安排使用
5	重大农家乐民宿综合体项目补助	经市级验收后，单体型农家乐民宿综合体按合格和精品给予一次性以奖代补 60 万元（含市补资金）、80 万元（含市补资金），区域型农家乐民宿综合体按合格和精品给予一次性以奖代补 100 万元（含市补资金）、120 万元（含市补资金）
6	美丽经济业态发展补助	对围绕农家乐民宿发展的各类新业态的项目，由相应主管部门根据农林种养、山塘水库、山区经济（乡村旅游基础设施）补助政策给予优先扶持
7	营销项目补助	每年安排农家乐民宿宣传营销经费 80 万元，主要用于农家乐民宿品牌打造、形象设计，农家乐民宿自律组织建设等，由县农家乐民宿经济发展领导小组办公室统筹安排。 乡镇（街道）、旅委、总工会、民宿协会组织民宿推介、营销及相关节庆活动，活动方案提前 1 个月经县农家乐民宿主管部门审批后，视活动总结、影响力和实际效果给予 3 万~8 万元活动补助

在农家乐民宿经营户（点）提升补助中，2020年评定"缙云乡墅"精品民宿8家，普通民宿7家，共奖补资金90.5万元；2021年评定"缙云乡墅"精品民宿12家，普通民宿13家，共奖补资金201万元。

（三）财政助推产业品牌建设

缙云烧饼是享有名气的一项特色小吃，它先后被评为"浙江名小吃""中华名小吃"。缙云县把烧饼产业作为弘扬传统文化和促进农民增收致富的重要举措，以缙云烧饼品牌建设为核心，加大财政资金的投入，在烧饼品牌建设上每年安排500万元的专项资金，至今缙云烧饼品牌价值已达80亿元。政府运用现代产业经营模式培育缙云烧饼品牌，运用"农户+合作社（基地）+协会"模式，成立烧饼办、组建烧饼协会、开设烧饼班、举办烧饼节，并通过开展针对性、实用性的技能培训，补贴职业人才，以品牌、师傅、示范点、特色村为抓手，全面推进产业发展，此外又制定实施了《关于缙云烧饼品牌建设的实施意见》《缙云县"草根创业"专项行动方案》《"缙云烧饼"品牌战略和产业发展规划（2016—2030）》等专项政策，对烧饼原料缙云菜干、土麦等相关产业进行整合联动，每年另外安排200万元专项资金扶持原料发展，确保缙云菜干品质，财政还对农户的生产设备进行投入补贴，每年投入120万元，推动农机设备扩大升级，并指导推动相关企业、合作社规范提升。

对于烧饼从业者，县政府2021年通过举办缙云烧饼师傅职业技能大赛，评定高级烧饼师傅，对79名获得高级烧饼师傅称号的均给予1000元奖励。对于开设的缙云烧饼示范店，财政给予每家店铺1万~3万元补助，商户还可以享受创业贷款的优惠政策，每年银行对其授信2000万元，县财政给予50%贷款贴息，促进上游原材料梅干菜种植、中游制造工艺研发（烧饼师傅培训，烧饼炉、面粉制造）和下游终端实体店（烧饼专卖店）缙云烧饼产业链条有机融合。截至2021年，仅缙云县就有464家示范店共获得756.5万元补助，48家示范店业主获得12.85万元贴息。

（四）财政支持的成效

1. 产业结构得到优化

2010年缙云县三大产业占比分别为6.3%、59.9%、33.8%，2021年，缙云县三大产业占比分别为5.0%、43.8%、51.2%，三大产业结构的调整变化明显，第一、第二产业特别是第二产业占比减小，第三产业快速壮大，这其中一个重要原因就是这些年来财政对乡村产业的不断支持投入，县政府立足自身资源优势，扶持特色农产品，不断扩大产业链，进行产业升级，逐渐发展加工业、旅游服务业，增加了农业产品的附加值，促进产业调整升级（见图3）。

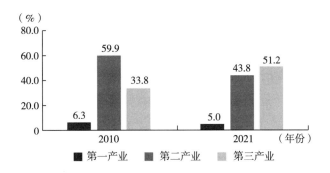

图3 2010年及2021年三次产业比重

2. 产业产值提高

缙云县聚焦上、中、下游产业发展链条，在田园山水的基础上，投入发展配套产业，发展高产值产业，因产施策开展特色强链、要素补链，制定产业提升实施方案，用财政投入筑牢产业发展的基础，推动乡村产业持续壮大。以2021年为例，缙云县第一产业增加值为12.56亿元、第二产业增加值为125.67亿元、第三产业增加值为135.69亿元，比上年分别增长3.1%、12.5%和8.3%。

3. 居民收入增加

通过一系列财政措施扶持乡村产业，缙云县的就业岗位增加，农民收入方式多样。2010年缙云县生产总值为102.49亿元，2021年生产总值为273.93亿元，同比增长1.67倍，增速基本上与丽水市生产总值增速持平。2010年缙云县常住人口人均地区生产总值为2.85万元，2020年常住人口人均地区生产总值为6.04万元，年均增速快于丽水市增速，人均年生产总值逐步接近全市（见图4和图5）。

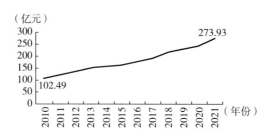

图4 缙云县生产总值

资料来源：《缙云县统计年鉴》。

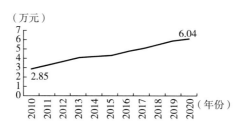

图5 缙云县常住人口人均地区生产总值

资料来源：《缙云县统计年鉴》。

4. 品牌价值提升

在"乡愁富民产业"投入建设下，缙云县产品品牌价值迅速提升。通过品牌建设，缙云烧饼名声在外，以缙云烧饼为龙头的缙云小吃产业营业收入从2014年的4亿元攀升至2019年的22亿元，带动相关产业近4万人增收致富，人均增收4.5万元。缙云黄茶在中国茶叶区域公用品牌价值评估中，连续4年为最具溢价力品牌，获得2019年全国绿色农业十佳茶叶地标品牌；缙云爽面、缙云茭白等成为特色品牌产品；缙云麻鸭通过品牌溢价和产品包装，市场售价从60元/只提高到了128元/只。缙云县通过品牌的规范化、标准化、品质化，把"民间口碑"转化为"品牌价值"。

三、现存问题

（一）财政扶持产业资金不足

缙云县尚处于发展转型的关键阶段，不仅在乡村振兴、产业发展上需要投入大量财力，其他公共卫生、科教支出等方面也需要大量财政资金的支持，而目前产业发展还不够成熟，高质量的大项目不多，因此对政府的税收贡献不足。大量产业项目需要政府补贴扶持，转移支付、专项拨款等资金虽然能在一定程度上缓解财政紧张的局面，但伴随着对企业的税收减免、减税降费等一系列的促发展政策，县政府面临着入不敷出的困境，导致全县人均可用财政金额较少，能够扶持产业发展的资金有限。

（二）财政扶持方式不够丰富

在实践中，仅靠财政奖补、支农补助资金的扶持方式较为单一，不足以实现多方位的财政支持。虽然缙云县通过设立专项产业发展项目、投入专项扶持资金，引入现代市场机制，采用政企合作 PPP 等投融资模式、对部分项目实行基金化运作，改善农业信贷担保、农业保险等政策，但是融资体系还有待丰富与完善，各种金融、信贷等融资方式可以适度引入，推动和增加产业活力。一些地区发挥主观能动性，发展丰富具有自身特色的资金支持方式，如宁波慈溪市引入大型企业并成立慈溪市农业股权投资基金，充分利用资本市场杠杆效应，一手托企业、一手托市场，政府出台相关支持企业上市的扶助政策，发挥政策的驱动作用助力企业挂牌上市，降低企业上市成本，用"小钱撬动大钱"，发挥市场对于农业资源的合理分配作用，以实现市场化运作，推动乡村产业专业化发展。湖州安吉县政府 2021 年将原来的现代农业发展专项资金和文化事业发展专项资金整合为乡村振兴发展专项资金，专项资金统筹用于美丽乡村建设、农业高质量发展、农村文化体育建设等乡村振兴重点项目，用以加快产业融合与主体培育。

（三）缺乏完善的绩效评价与监督体系

当前财政扶持乡村产业发展的专项资金项目繁杂，尽管每个项目都有专项的资金监管，但是财政对于拨付给企业、农户专项资金的用途缺乏细致长效的跟踪，这间接导致一些企业对财政资金的使用性质不明确，在资金使用上难以真正实现财政投入的意图。现实中甚至还会存在部分人群仅只依靠产业补贴进行投资发展，这样既浪费财政支农的补贴资金，又不能帮助真正的农民群体，难以激发产业活力。

缙云县乡村产业的专项补贴来自应用于各个方面的专项资金，从中央到地方的专项支持资金有超过 20 个部门管理，在这些部门中每个部门的权限也不一样，虽然缙云县政府对部分项目资金整合利用，但是在大多数情况下，项目资金部门各自为政，使财政支持农村产业的资金分散，项目补贴资金种类繁多，1~2 年一个新政策，旧的文件指示方案还未完成，新方案又重新开展，使绩效评价无法充分开展。另外，专项资金的使用情况与使用进度政府公示较少，公示片面不完整，资金使用透明度不高，倘若缙云县财政不合理公开相关数据，难免会出现挪用、滥用、权力寻租等事件的发生。

四、结论与对策

缙云县作为浙江省乡村产业发展的优质先行示范区，通过各种制度政策激励推动产业发展，文旅民宿产业发展蓬勃、绿色生态乡愁品牌响亮，招牌产业烧饼、爽面等走出县市、迈向全国、奔向世界，电商联动产业发展也有质有效，各项工作均取得了不菲的成绩。

但是缙云县乡村产业发展还有较大进步空间，通过对缙云县现有支持乡村产业发展的政策分析不难看出：县级政府仍为促进产业发展财政投入的主要供给者，这也给县级财政带来了较大压力，经济发展水平有限、土地资源不足以及财政投入在模式上的单一化和在投入持久性上难以预见，导致缙云县乡村产业发展存在一定障碍。此外，缺乏明确的资金监管体系和绩效考评还容易导致资金使用效率低下等问题。因此，未来主要任务需要不断完善财政经费的投入方式，拓宽资金投入渠道，整合各项重复的专项资金，综合利用各种投融资方式，不断提高财政资金绩效，促进乡村产业的高质量发展，实现产业的兴旺繁盛。综上所述，本文依据对缙云县财政支持乡村产业发展的政策分析，给出如下对策建议：

（一）优化资金配置

1. 积极申报上级补助项目

县级财政资金毕竟总量有限，在多个项目共同开发投入时，县财政的财力难以支撑起多个产业项目齐头并进，因此相关部门要积极申报上级补助项目，下沉乡村，将财政支持乡村产业发展的政策融入宣传工作中，鼓励企业、村户申报上级项目。缙云县街道、社区和村庄应当设立起专门的惠农惠企宣传平台，配备人员，结合县域内乡村产业发展过程中经营主体多、行业范围广等一系列特点，研判适宜的整体发展大方向，以此为基准回应需求，争取到更多的补助资金。

2. 整合重复专项资金

在实践中，缙云县已经将部分专项涉农资金整合利用起来，但综合来看类型较少。后续在推进乡村产业发展的过程中，县政府可扩大专项资金整合范围，将农机购置等农业基础设施建设、生产发展、生态环境保护、乡村组织和文化建设等领域的涉农资金全部纳入统筹整合的范围。还应把资金纳入预算源头上，在年初政府预算编制、资金分配、预算下达、预算执行、绩效评价等各个环节细化工作，将资金充分整合起来投入到专项任务上去，优化资金结构，让有限的财政资金得到最大化的利用。

（二）充分利用财政政策引导发展

1. 政府采购吸收部分产品

2020 年丽水市政府发布《丽水市消费扶贫倡议书》，倡导解决区域性整体贫困，要求预算单位应采用预留采购份额的方式采购扶贫产品，预留份额不低于本单位采购农副产品总额的 10%，如今步入 2022 年，虽已全面脱贫，但基于地域环境等先天条件，部分地区自身经济"造血"能力依旧较弱，为了推动这些地区乡村产业的发展，县财政需要调整优化政府采购政策，继续支持欠发达地区产业发展工作的部署，落实政府采购政策，支持乡村产业发展，继续组织预算单位采购缙云县欠发达地区的农副产品，用于食堂食材的采购、基层工会会员节日慰问等，缓解部分产品的销售压力，用稳定的采购量需求与采购订单激发地区发展生产的内生动力，从需求侧助力乡村产业振兴。

2. 合理利用财政金融工具

缙云县乡村产业大多还处于发展的初级阶段，企业、组织、个体的发展模式还不够成熟，抗风险的防范能力不足，风险抵御机制不够健全，尤其是近年来受新冠肺炎疫情影响，销量出现一定下滑。在这段时期要综合运用财政政策，充分发挥财政的作用，优化基层的财政服务，在税收减免、乡村金融服务上下功夫，给企业帮助；合理利用财政贴息、财政免息、政企合作持股等方式引导缙云县的乡村产业发展；通过财政资金吸引和撬动更多金融社会资本支持产业发展；应用好地方政府债券、PPP 项目等资金渠道，完善农业基金、乡村产业信贷担保、农业保险等政策，继续推行以奖代补、贷款贴息等使用方式，形成财政优先保障、金融重点倾斜、社会积极参与的多元投入格局。

（三）健全绩效评价和监督体系

相关部门应建立起多元化的绩效评价和监督体系，加强对财政资金的监管，财政部门编制好预算方案，在资金的筹集、使用、绩效、评价、监督等各环节进行全面监督，继续抓好事前、事中、事后全过程绩效管理，在项目确定立项之前，应当对准备投入的项目做好可行性分析，项目承办单位提供科学的绩效评估报告，及时下放优秀项目专项资金，剔除不符合要求的项目。在项目结束时，根据立项的绩效报告对项目绩效进行评价，分析其没有达到预期效果的原因，绩效评估结果也可以与预算安排和资金分配双挂钩，作为下一年度预算资金安排的重要参考依据；按照"谁管项目、谁用资金、谁负主责"的原则，落实项目资金使用单位日常监管责任；社会媒体、广大群众等多层次多角度对财政资金的使用进行监督，政府部门内部自查、建立起群众反馈、举报的渠道，相关部门建立有效的信息反馈机制，及时公布各项资金的使用情况与使用进度，将责任落实到人，对贪污、腐败现象严肃问责，推进预算资金的透明化和监督化；建立系统的财政投入效益考核评估指标体系和规章制度，对财政涉及乡村产业资金的绩效管理全覆盖。

参考文献

［1］孙婧．乡村振兴战略中促进农业转型升级的财政税收相关政策探讨［J］．商业观察，2022（1）：43-45.

［2］陈玉良．乡村振兴视域下农业产业化创新模式研究［J］．农家参谋，2021（20）：3-6.

［3］王鹏程，张丽波．财政促进乡村振兴政策探析［J］．商业经济，2021（10）：115-116.

［4］余丽生，朱航．财政精准扶持下的"五彩农业"［J］．新理财（政府理财），2021（6）：31-33.

［5］李波，宋俞辰．推动脱贫攻坚与乡村振兴有效衔接的财政支持研究［J］．财政监督，2021（9）：11-17.

［6］段伟，罗光强．高质量发展视角下乡村产业振兴路径研究［J］．当代农村财经，2021（2）：2-7.

［7］罗君名．乡村振兴视域下农村内生发展能力建设研究［J］．湖北经济学院学报（人文社会科学版），2020，17（5）：25-27.

［8］朱淑霞，李祥南，李博荣．缙云烧饼的乡村产业振兴传奇［J］．基层农技推广，2020，8（2）：116-117.

［9］陈斯佳，张明生，赖齐贤．浙江乡村振兴十大典型模式分析［J］．浙江农业科学，2020，61（2）：390-394.

［10］肖卫东．美国日本财政支持乡村振兴的基本经验与有益启示［J］．理论学刊，2019（5）：55-63.

［11］闫坤，鲍曙光．财政支持乡村振兴战略的思考及实施路径［J］．财经问题研究，2019（3）：90-97.

［12］朱勇．缙云县民间文化志愿体系实践与思考［J］．社会治理，2018（7）：70-71.

［13］张红宇．加快推动中国特色乡村产业振兴［J］．中国党政干部论坛，2018（4）：32-35.

［14］中国农村财经研究会课题组，申学锋．财政支持农业生产全程社会化服务的制度创新研究［J］．当代农村财经，2017（2）：2-18.

［15］孙文基．关于我国农业现代化财政支持的思考［J］．农业经济问题，2013，34（9）：29-33.

［16］王翊覃．国外公共财政支持农业发展政策对我国的启示［J］．农业经济，2011（1）：61-63.

［17］缙云组织五大产业项目申报国家振兴规划［N］．丽水日报，2008-12-13（001）.

基于国际比较视角的个人所得税专项附加扣除问题探究

——以子女教育和赡养老人为例

刘　颖　胡宇柯　林孟婷[*]

摘要　2019 年 1 月 1 日实施的《中华人民共和国个人所得税法》首次增加了六大专项附加扣除，含子女教育、赡养老人等；2022 年 3 月 28 日《国务院关于设立 3 岁以下婴幼儿照护个人所得税专项附加扣除的通知》又将 3 周岁以下婴幼儿的照护费用纳入个人所得税专项附加扣除。上述专项附加扣除政策切实考虑到了纳税人的负担能力，在促进收入分配公平，降税负、保民生等方面起到了鲜明的改革导向作用。本文主要围绕其中的子女教育和赡养老人两项对个人所得税专项附加扣除问题进行探讨，在介绍相关政策的基础上进一步分析实施现状以及存在的问题，了解并借鉴国外关于子女教育和赡养老人的相关税收扣除办法，最后提出对于完善现阶段我国个人所得税专项附加扣除中子女教育和赡养老人两项内容的几点思考和建议，包括细化具体的扣除项目、制定差异化的扣除标准等。

关键词　个人所得税；专项附加扣除；子女教育；赡养老人

一、引言

2018 年 8 月《中华人民共和国个人所得税法》（简称《个人所得税

　　基金项目：本文为浙江财经大学东方学院大学生创新创业训练计划项目《基于国际比较视角对完善个人所得税专项附加扣除的探究》（编号：S202113294004）的研究成果。

　　* 作者简介：刘颖，浙江财经大学东方学院财税学院教授。胡宇柯，浙江财经大学东方学院 19 级税收 2 班。林孟婷，浙江财经大学东方学院 19 级税收 2 班。

法》）进行了第七次修正，其中引人关注的是将涉及民生的家庭六大支出纳入个人所得税的税前扣除范围，包括：子女教育、继续教育、大病医疗、住房贷款利息、住房租金和赡养老人等专项附加扣除①。之后，为保障我国个人所得税专项附加扣除制度的顺利实施，《中华人民共和国个人所得税法实施条例》及《个人所得税专项附加扣除暂行办法》相继颁布。经过三年的实践，个税专项附加扣除制度发挥了缓解纳税人日益繁重的生活家庭支出压力、减轻了纳税人的税收负担等作用，增加了公民福利，提高了人民的幸福感。

本文主要围绕子女教育和赡养老人这两项专项附加扣除制度进行分析探讨。之所以选择这两项制度进行分析，是因为从社会角度来看，我国现在正面临着人口老龄化加剧、"二孩""三孩"政策相继推出，但生育意愿不高等社会现实问题②；2022 年全国两会上的政府工作报告指出要完善"三孩"政策配套措施，将 3 周岁以下婴幼儿照护费用纳入个人所得税专项附加扣除，发展普惠托育服务，减轻家庭养育负担，并于 2022 年 3 月 28 日发布《国务院关于设立 3 岁以下婴幼儿照护个人所得税专项附加扣除的通知》，将 3 周岁以下婴幼儿的照护费用正式纳入个人所得税专项附加扣除，可见个税的专项附加扣除制度还在朝着关注民生方向不断地进行完善。另外，从制度设计的扣除标准来看，子女教育按照每个子女每月 1000 元的标准定额扣除，赡养老人则按照每月 2000 元的标准定额扣除或者每人分摊的额度不得超过每月 1000 元等。这样的定额标准，随着社会的发展，是否能够跟上时代的步伐以及体现税收的公平性等角度，都值得进一步思考。

二、我国子女教育和赡养老人个税扣除现状及分析

（一）制度现状

1. 子女教育与 3 岁以下婴幼儿照护

根据《个人所得税法》规定，纳税人的子女接受全日制学历教育的相

---

① 参见《国务院关于印发个人所得税专项附加扣除暂行办法的通知》（国发〔2018〕41 号）。

② 何凌云，肖秋驰，马青山. 部分国家促进生育财税政策的经验及借鉴［J］. 税务研究，2019（12）：60-64.

关支出，按照每个子女每月 1000 元的标准定额扣除。学历教育包括义务教育（小学、初中教育）、高中阶段教育（普通高中、中等职业、技工教育）、高等教育（大学专科、大学本科、硕士研究生、博士研究生教育）。年满 3 岁至小学入学前处于学前教育阶段的子女也享受该专项附加扣除。父母可以选择由其中一方按扣除标准的 100% 扣除，也可以选择由双方分别按扣除标准的 50% 扣除，具体扣除方式在一个纳税年度内不能变更。

此外，2022 年 3 月 28 日，《国务院关于设立 3 岁以下婴幼儿照护个人所得税专项附加扣除的通知》发布，依据《个人所得税法》有关规定，决定设立 3 岁以下婴幼儿照护个人所得税专项附加扣除。扣除标准和扣除方式与子女教育相同，于 2022 年 1 月 1 日起实施，补全了我国 0~3 周岁婴幼儿在个人所得税专项附加扣除制度上的缺失。

2. 赡养老人

依据《个人所得税法》规定，赡养一位及以上被赡养人的赡养支出，统一按照以下标准实行定额扣除：

（1）纳税人为独生子女的，按照每月 2000 元的标准扣除。

（2）纳税人为非独生子女的，由其与兄弟姐妹分摊每月 2000 元的扣除标准，每人分摊的额度不能超过每月 1000 元。可以由赡养人均摊或者约定分摊，也可以由被赡养人指定分摊。约定或者指定分摊的须签订书面分摊协议，指定分摊优先于约定分摊。

被赡养人是指年满 60 岁的父母，以及子女均去世的年满 60 岁的（外）祖父母。

（二）问题分析

1. 从个税扣除制度的适用对象来看

赡养老人专项附加扣除中规定的被赡养人是指年满 60 岁的父母，以及子女均去世的年满 60 岁的（外）祖父母，并且依据规定夫妻双方只能获得自己父母养老的赡养老人专项附加扣除。在现实中，倘若夫妻双方只有一方有工作收入或者只有一方达到缴纳个人所得税的标准，实际上却是两人一起赡养双方父母或（外）祖父母，却只允许扣除赡养自己父母、（外）祖父母的费用。现行的赡养老人专项扣除制度没有考虑到现实中这种极有可能发生的情况，专项附加扣除适用主体的设置虽然出于减轻纳税人税收负担，但是还没有全面考虑到现实中纳税人家庭的各种情况，公平性和合理性体现不足。另外，赡养老人专项附加扣除适用主体的划分也不够细致，随着 60 岁以上老人年岁渐增，可能会出现更多的健康问题，行动愈加不便，因此纳税人照顾高龄老人就需要花费更多的时间和精力。这时倘若赡养 60~70 岁和 70 岁及以上的高龄老人，都按照一样的标准进行扣除，对于处于不同家庭情况的纳税人来说也不够公平合理。

2. 从个税扣除制度的具体项目额度来看

从子女教育来看，当前的子女教育专项附加扣除制度明确，可以扣除全日制学历教育的相关支出，但是一个孩子从小到大经历的各个教育阶段，支出肯定也是不尽相同的，义务教育阶段由于存在国家财政的教育经费支出，落到家庭中的经济压力相对会有所缓解，但在高中阶段教育和高等教育时，纳税人在子女教育和养育方面的开支也会进一步提高。因此，可以通过细化具体项目，不同的教育阶段对应不同的扣除标准，使该专项扣除更贴合生活实际，同时具有针对性和普惠性。

从赡养老人来看，依据扣除制度规定，纳税人若为独生子女，每月定额扣除 2000 元；纳税人为非独生子女，由其与兄弟姐妹分摊每月 2000 元的扣除额度。随着社会人口老龄化的发展，以及我国多年以来实行的独生子女政策，将来纳税人可能要面对的最大压力是一人赡养父母以及（外）祖父母四人，或者夫妻双方赡养八位老人。每月 2000 元的定额扣除，即无论纳税人赡养几位老人，都只能扣除 2000 元，有兄弟姐妹的情况下最高限额为 1000 元，显然上述定额扣除规定过于简单化，虽然便于制度施行和税收管理，但是却未能很好地体现税收的公平性，对纳税人减负效果的实现也有一定影响。

三、其他国家个人所得税相关扣除制度的介绍及启示

个人所得税发展至今已有两百多年的历史，许多国家在个人所得税制度的推行过程中不断变革完善，在曲折发展的道路上探索前行，积累了宝贵的经验。这些做法和改革经验对我国进一步完善相关制度建设具有一定的启示意义。

（一）国外相关个人所得税扣除制度简介

1. 子女养育及教育

不同国家的子女教育费用扣除，大多考虑了不同的家庭因素以及子女情况。例如，德国的个人所得税具有"生育友好型"的特点，在子女的养育和教育方面都发挥了较大的作用；法国则更加注重子女的照看与学历教育；美国的税前扣除项目，考虑了纳税人不同的家庭状况，但税收征管则较为复杂。

（1）德国。德国个人所得税具有"生育友好型"的特点，父母得到的个人所得税减免优惠中有许多都是因为对子女的生养行为。例如，德国自费的医疗护理费用可抵扣税率，依据收入水平和子女养育情况（有无子女以及子女数量）有不同的类别（见表1）。

表1　德国自费的医疗护理等费用可抵扣税率表[①]

单位：欧元，%

报税人群分类		年收入		
		小于 15340	大于 15340 且小于 51130	大于 51130
无子女	单人报税	5	6	7
	夫妻共同报税	4	5	6
有子女	1~2 个孩子	2	3	4
	≥3 个孩子	1	1	2

儿童福利金也被称为子女津贴，作为退税按月支付，自 2021 年 1 月 1 日起，18 岁以下的第一个和第二个孩子的子女津贴为每月 219 欧元，第三个孩子每月 225 欧元，第四个及以后每个孩子每月 250 欧元。[②] 此外，单身纳税人如其家庭中包括至少一个子女，则有权利获得补偿的金额，也被称为单身救济金。单身纳税人可从收入总和中扣除缓免金，减免金额应为每年 4008 欧元，每增加一名儿童则相应增加每月 240 欧元。[③] 而且，18~

---

① 参见 https://jingyan.de/finanz/anleitung-fuer-die-erste-steuererklaerung/#_8211_Kind。

② 参见 https://www.arbeitsagentur.de/familie-und-kinder/kindergeld-anspruch-hoehe-dauer。

③ 参见 http://www.gesetze-im-internet.de/estg/—24b.html。

25 岁的年轻人以及 25 岁以上的残疾青年在一定条件下也可领取儿童福利金。2022 年新增的条款规定，对于每个有权在 2022 年 7 月领取儿童福利金的儿童，将在 2022 年 7 月支付 100 欧元的一次性金额。无权领取 2022 年 7 月儿童福利金的儿童，有权享受 2022 年 100 欧元的一次性子女津贴。①

德国个人所得税制度还可以扣除子女抚养费、托儿所、幼儿园、假期照料、互惠生②等项目，但是除了因搬家所需的补课费用，诸如课后补习费用和钢琴课费用并不能计算在内。除学校用品可以获得固定金额外，其余项目只有可以证明的费用才会退还，需要出示费用收据。除此之外，私立学校的学费也可以扣除 30%，但最多不超过每年 5000 欧元。③ 教育费用可按每个子女 1464 欧元进行额外扣除，如果单亲家庭抚养一个以上的子女还可额外加倍扣除（见表 2）。

表 2 部分德国个人所得税可扣除的子女教育相关项目④

项目	具体描述
个人学习用品	个人学习用品的费用将会在出示孩子的个人学校证书后，经个人申报，在当年的固定时间一次性抵免
学习辅导	学习辅导的费用额度将由具体的学校确认，本身没有相应的固定报价。如果从 2021 年 7 月 1 日起确定需要学习辅导，则无需单独申请，如果审批期在 2021 年 7 月 1 日之前开始或在 2023 年 12 月 31 日之后结束，则需要申请
公共午餐餐饮	在学校、课后照料、日托或与保姆共进午餐的费用可以得到补贴
俱乐部、文化或休闲活动	证明父母在体育俱乐部的会员资格后，儿童和青少年每月可领取统一比率的费用，可以向就业中心询问具体金额
学校往返	如果学生不能步行或骑自行车到达最近的学校，通常情况下每月的交通费用会有补贴
运动器材或乐器	购买运动器材或乐器的费用只能部分支付，具体可通过表单申请

注：此表的教育优惠只有当纳税人的家庭领取第二类失业救济金或儿童补助金，且孩子的年龄小于 25 岁，就读日托中心（北区）或普通学校或职业学校，以及没有获得任何培训津贴，才可以享受。

---

① 参见 http：//www.gesetze-im-internet.de/estg/—66.html。

② 互惠生项目是指年轻的外国人免费食宿在一个德国家庭，做一些家务来换取在德国学习语言时自身的住房、吃饭等，每月获得 260 欧元零用钱和 50 欧元的教育补助金。这部分收入可以税前扣除。

③ 于秀伟，侯迎春."生育友好型"个人所得税制度的构建：基于德国的经验［J］.税务与经济，2018（4）：88-93.

④ 参见 https：//www.arbeitsagentur.de/familie-und-kinder/informationen-zum-bildungspaket。

（2）法国。法国个人所得税也对子女抚养和教育方面做出了许多扣除的规定，现行未成年子女抚养费用以家庭为单位进行税前费用扣除，并以不同的家庭情况核定可扣除的限额范围。法国的居民可以需要抚养未成年子女为由申报个人所得税专项扣除，最高扣除额不得超过每月家庭税前总收入的 50%。此外，纳税人可享受抚养 6 岁以下子女实际支出 50% 的税收抵免，这些费用保留在每名受扶养子女 2300 欧元的最高限额内，如果税收抵免超过应缴税款，则退还超额部分。如果该子女正常平等地受父母双方抚养，则保留该数额的一半；如果为单亲家庭，孩子不能得到父母平等抚养，扣除额则相对多一些。

在高等教育费用方面，按月扣除的减税金额设定为：每个上中学的孩子 61 欧元；每个就读于普通技术高中或职业高中的孩子 153 欧元；每名接受高等教育课程的孩子 183 欧元。[①] 此外，在高等教育费用扣除当中，助学贷款也有较大的税收抵扣优惠。在 2005 年 9 月 1 日至 2008 年 12 月 31 日，25 岁以下通过助学贷款进入高等学校学习的学生，可用第一个 5 年还贷期偿付的利息抵扣以家庭单位计征的个人所得税税款。自 2009 年开始，税收抵免等于实际支付的年利息金额的 25%，在 1000 欧元的限额内预扣。

（3）美国。2017 年美国税改后，单身申报者养育子女可享受最高扣除额的条件由调整后所得额 5 万美元提高到 8 万美元，或夫妻联合申报由调整后所得额 10 万美元提高到 16.5 万美元。美国 2021 年救援计划法案（ARP）增加了儿童和受抚养人护理费用的抵免额。它还使符合某些居住要求的纳税人可以退还抵免额，同时在计算时提高了儿童护理费用等符合条件的抵免额，并逐步取消了高收入者的抵免额。在 2021 年，如果纳税人有一个符合条件的孩子，可以申请最高 8000 美元（之前为 3000 美元）符合条件的就业相关费用抵免额，如果有两个或更多符合条件的孩子，可以申请 16000 美元（之前为 6000 美元）的抵免额。[②]

2. 赡养老人

各国个人所得税关于赡养老人的费用扣除呈现不同的特点，有些规定

---

① 何代新. 个人所得税分类与综合改革研究：法国税制借鉴［J］. 地方财政研究，2013（8）：74-79.

② IRS. Publication 503（2021），Your Federal Income Tax［EB/OL］.［2022-01-20］. https：//www.irs.gov/zh-hans/publications/p503#en_US_2021_publink1000203346.

扣除标准与老人所处的年龄段相关，比如美国、日本、韩国等；有些会考虑老人的身体健康状况和生活情况，比如美国被赡养人为盲人的可增加扣除额，日本老人与赡养人共同居住的扣除标准比不是共同居住的要高；还有将赡养人的具体情况也考虑在内，比如意大利依据赡养人年收入总额情况来划分扣除标准，西班牙赡养人为残疾人的扣除标准较高。一些相关规定如表 3 所示。

表 3 部分国家个人所得税赡养老人费用扣除的相关规定①②③

国家	个人所得税赡养老人费用扣除的相关规定
美国	2017 年美国新税改的相关规定，若单身或已婚纳税人单独申报，则扣除标准为 13950 美元；若赡养老人，以户主身份申报则可扣除 16950 美元；若被赡养人为盲人或 65 周岁以上的，相应增加标准扣除额，扣除额为 17600 美元
日本	日本在受抚养人扣除额中设置了"一般可扣除的受抚养人"，但这个范围十分广泛，只要是 16 岁以上的受抚养人都可以扣除，扣除额为每年 38 万日元。 而 70 岁以上的受抚养人，也就是赡养老人的费用可以进行额外扣除，分为两种情况：一种是未同居的年迈老人，比如居住在养老院的父母，每年的扣除额为 48 万日元；另一种是同居的年迈父母，每年的扣除额可达到 58 万日元④
意大利	在赡养人的年收入总额不超过 2840.61 欧元的情况下（2019 纳税年度起为 4000 欧元），每个赡养人可扣除 750 欧元
西班牙	赡养人可以按就业收入总额的 30% 扣除，或者每个赡养人直接扣除 8000 欧元；另外，残疾的赡养人可以扣除更高的金额
韩国	被赡养人满 65 岁之后，按年龄段分为两类：65~70 岁、70 岁及以上。每个年龄段实行不同的扣除标准⑤

① 伍红，郑家兴. 不同国家（地区）个人所得税专项扣除特点及启示 [J]. 税务研究，2019（3）：30-34.

② 何凌云，肖秋驰，马青山. 部分国家促进生育财税政策的经验及借鉴 [J]. 税务研究，2019（12）：60-64.

③ 王心怡，戴佳玲，瞿卫国. 个人所得税专项附加扣除国际比较与借鉴 [J]. 内蒙古科技与经济，2020（13）：52-53，55.

④ 参见 https：//www.nta.go.jp/taxes/shiraberu/taxanswer/shotoku/1180.htm。

⑤ 黄朝晓. 个人所得税赡养老人专项附加扣除制度建议 [J]. 税务研究，2018（11）：43-48.

（二）对我国子女教育和赡养老人个人所得税扣除制度的启示

在专项附加扣除中考虑设立子女养育专项扣除，区分养育费用与教育费用的不同，专用于扣除子女养育的各项费用。目前虽然已经增加设立了婴幼儿照护这一专项附加扣除，但该扣除仅针对年龄在 3 岁以下的婴幼儿，而儿童养育的过程显然不是只有 3 岁以下，因此是否可以适当放宽儿童养育照护专项附加扣除的年龄，根据儿童抚养费、托儿所、托育班、幼儿园、专人看护等相关项目进行扣除。与此同时，"二孩""多孩"或是单亲的家庭也可以根据不同情况设立对应标准给予扣除限额调整，缓解如单亲家庭等的生活压力。此外，对于各类校外培训的支出是否能加入个税扣除制度，也可以分类进行讨论，比如艺术类、运动类等特长类的校外培训班，可按一定比例进行扣除，但校外学科类的补习班费用，不得进行扣除。在国家落实"双减"政策的背景下，个税扣除制度也可以从中做出引导，为下一代的健康发展提供一定的支撑与帮助，让更多的孩子可以培养自己的兴趣爱好与特长。

对于赡养老人专项附加扣除而言。首先，在适用对象的划分上，依据年龄设置几个不同的阶段，对于赡养高龄老人的纳税人相应增加扣除费用，以减轻纳税人的经济负担；另外，可以考虑老人的身体健康状况再细分，若被赡养人是残疾人等社会需要特殊关照的群体，可以相应增加扣除费用。若上述两种情况叠加，制度的设立更应该充分考虑纳税人的处境。如果是夫妻双方共同赡养老人的，可以考虑将配偶父母的赡养费用也纳入扣除范围。其次，要完善费用扣除标准，每月 2000 元的定额扣除是否需要依据实际情况进行调整和细化，还有纳税人与兄弟姐妹共同赡养老人的每月 1000 元最高扣除限额问题，考虑每个家庭具体情况的差异，可以交由家庭自身解决的问题，应赋予家庭一定的自主权，体现一定的灵活性。

四、完善子女教育和赡养老人个人所得税
专项附加扣除制度的思考

上述不同国家的个人所得税扣除制度规定，大多都存在着体现税收公平的共性，无论是德国的儿童福利金制度，还是法国的教育费用扣除制

度，以及对赡养老人费用的不同扣除方式和标准，都是通过合理运用税收优惠政策，以差异化的税收扣除和抵免，从而达到应对人口老龄化、促进生育率提高和发展教育事业等，提高政府相关政策的效果。我国未来个人所得税的专项附加扣除也可以根据不同的家庭情况，对其进行细化分析，从降税负、保民生、促发展等一系列目的出发，进一步优化政策制定，使其在体现出差异性的前提下促进公平。现就子女教育和赡养老人两项专项附加扣除提出相关思考。

（一）子女教育

个人所得税制度中制定普惠性的儿童税收优惠政策具有深远的意义，对于提高生育意愿、缓解生育难题能起到一定的支撑作用。可以考虑逐步推出普惠性的儿童税收优惠政策，我国现行的个人所得税专项附加扣除制度中，子女教育和婴幼儿照护两项是根据纳税人子女受教育阶段或者年龄给予每月一定的扣除额，但缺乏针对性的税收优惠政策，如设定儿童福利金，将养育儿童的部分生活成本、看护成本和教育成本进行税前扣除或税后抵免，将在很大程度上缓解人们的生育压力，营造更为良好的生育社会环境。[①]

同时养育费用和教育费用的扣除也可以依据不同的项目来划分，比如列出各个阶段教育支出中的可扣除费用项目，以及养育照护儿童的可扣除费用项目，并明确各项目的扣除标准与限额，依靠相关票据等凭证据实扣除或按比例扣除。此外，关于纳税人子女校外补习费用是否可以进行税前扣除的问题，建议可以考虑对纳税人子女的校外培训费用按照不同的培训项目给予一定比例的扣除，但并不是所有的校外教育培训费用都可以扣除，而是要经过一定的筛选和限制。由于"双减"政策[②]的实施，我国今后主要是推进由学校来承担课后服务的主体，由学校利用好课余时间来培养学生文体、艺术、劳动、阅读等兴趣爱好，而不是用校外培训的方式。所以，建议对于今后参与校外培训的学生，如果是为了从事与该课程有关的行业而参加专业性较强的培训，可以给予一定的扣除比例进行限额扣

---

① 于秀伟，侯迎春．"生育友好型"个人所得税制度的构建：基于德国的经验［J］．税务与经济，2018（4）：88-93．

② 网络用语，指 2021 年 7 月印发的《关于进一步减轻义务教育阶段学生作业负担和校外培训负担的意见》。

除，如乐器培训或运动员的职业选手培训，这种艺术类、体育类的培训普遍价格比较高昂，如果能取得一定级别的国家认定证书之类的凭证，可以据此进行个税的扣除，进而鼓励学生发挥自身特长，培养专业人才。同时，也要符合我国的"双减"政策范围，比如学历教育学科类校外补习课的费用和违规校外补习机构的费用不应该纳入子女教育税前扣除的范围。

建议可以针对不同家庭情况而予以差异化规定，并且细化扣除限额及标准。对于单亲家庭、残疾人家庭等特殊家庭，可以给予一定的优惠政策，促进收入分配公平，保障社会的和谐稳定和民生福祉。

（二）赡养老人

我国现在正面临着人口老龄化加剧的社会问题，老年人口规模日益庞大，自 2000 年以来，人口老龄化程度不断加深，2021 年我国 60 岁及以上的人口达到 26736 万，比 2020 年增加了 992 万，占全国人口的 18.9%。[①]同时因我国的独生子女政策，一些研究表明在未来 30 年间，大约 30% 的父母将成为拥有独生子女的老年人。由此可见，社会和家庭的养老负担只会日益加重，所以赡养老人专项扣除更应充分考虑民生民情，给予需要负担两个或两个以上老人赡养责任的纳税人更高的扣除比例。需要赡养的老人越多，赡养的责任和负担就越重，开支也就越大，扣除比例也应适当提高，而不是即使赡养多位老人也每月扣除定额 2000 元。

此外，年龄层次和身体状况也会影响赡养费用。随着年龄增长，老人的身体越来越衰弱，所患疾病逐渐增多，医疗和护理费用必然随之增加。建议可以根据年龄和身体状况对被赡养人作出区分，进一步划分不同年龄段、不同身体状况被赡养人专项附加扣除的扣除标准，对赡养高龄老人费用、残疾老年人费用扣除应适当提高，细化现行的专项附加扣除制度。

因被赡养人享受的养老方式不同，赡养人需要支付的费用和花费的精力也就不同，相应的扣除标准也应有所调整。现阶段，可以根据是否与赡养人同住，将养老方式分为同住与不同住，不同住又可以细分为老人自住或者住在养老院。不同的养老方式的费用支出必然存在差异，将来应结合老人不同的养老方式完善赡养老人专项附加扣除，对扣除标准进行个性化设置。

---

① 参见 https://www.askci.com/news/data/hongguan/20220118/0933311726854.shtml。

老人退休后是否有收入来源也是值得考虑的。如果老人退休后仍有收入来源，那么纳税人赡养老人需要支出的费用就会相对少一些，一般情况下老人能够自我照顾，但仍存在着很多没有养老金以及其他收入来源的老人，他（她）们的晚年生活生计可能完全依赖赡养人的赡养。建议今后考虑老人退休后是否有收入来源，给予其子女或其他亲属不同的扣除比例或者标准，缓解无收入来源老人赡养人的税负和养老压力。

综合考虑被赡养老人的年龄、身体状况、养老方式以及是否有收入来源等多个因素，在此基础上进一步完善扣除标准，最终能够切实减轻纳税人的税收负担和养老压力。

参考文献

［1］于秀伟，侯迎春．"生育友好型"个人所得税制度的构建：基于德国的经验［J］．税务与经济，2018（4）：88-93．

［2］伍红，郑家兴．不同国家（地区）个人所得税专项扣除特点及启示［J］．税务研究，2019（3）：30-34．

［3］何凌云，肖秋驰，马青山．部分国家促进生育财税政策的经验及借鉴［J］．税务研究，2019（12）：60-64．

［4］姚涵孜．对专项附加扣除中赡养老人费用的立法思考［J］．武夷学院学报，2020，39（4）：25-28．

［5］李荣荣．个人所得税家庭支出专项扣除项目研究：以教育费用支出为例［J］．现代经济信息，2018（18）：152-153．

［6］张凯迪．个人所得税教育专项扣除的国际经验借鉴与比较［J］．财政科学，2018（12）：147-153．

［7］黄朝晓．个人所得税赡养老人专项附加扣除制度建议［J］．税务研究，2018（11）：43-48．

［8］王心怡，戴佳玲，瞿卫国．个人所得税专项附加扣除国际比较与借鉴［J］．内蒙古科技与经济，2020（13）：52-53，55．

［9］蔡秀云，周晓君．荷兰个人所得税制特点分析及对我国的启示［J］．国际税收，2014（5）：54-57．

［10］赵艾凤，姚震．进一步完善我国个人所得税扣除制度的构想［J］．税务研究，2020（9）：41-45．

［11］宋建英．进一步完善我国个人所得税专项附加扣除制度的建议［J］．经济研究导刊，2018（35）：124-126．

［12］彭海艳，程北南．生育激励与个人所得税：理论逻辑与经验论据［J］．人口与经济，2021（2）：1-12．

［13］王玉峰．我国个人所得税法费用扣除制度完善研究［D］．上海：华东政法大学，2019．

［14］柳学艳．我国个人所得税费用扣除制度优化路径分析［J］．质量与市场，2021（17）：159-161．

［15］白彦锋，王中华．我国个人所得税教育费用扣除经验借鉴［J］．地方财政研究，2018（9）：19-24．

［16］周荣怡．专项附加扣除制度的问题分析与完善策略［D］．北京：中国社会科学院研究生院，2020．

上市公司高质量发展的市值比较研究

——基于税收视角

朱 计 柯 汉*

摘要 在长三角一体化发展背景下，海宁勇当深度融杭"排头兵"，随着杭海城际铁路的运行，杭海一体化进程加速。经济发展是地区经济社会发展的重要测量指标，上市公司的发展状况，可以从一个侧面说明地区经济发展质量的情况。本文结合最新的杭州市行政区划调整，从新立的区位中选择与海宁市体量相似、地域相邻的钱塘区和临平区，进行辖区内上市公司的市值、税收负担、税收贡献等指标进行比较分析，从税收视角看杭海一体化发展，为海宁市经济高质量发展提供政策参考建议。

关键词 杭海一体化；上市公司；税收；高质量发展

一、杭海一体化及所辖上市公司的基本概况

（一）杭海一体化概述

杭海一体化是在长三角一体化背景下的一项由杭州市、海宁市合作推进的重要战略，其涉及经济、文化、政务等多维度的合作。以优化两地营商环境，共同推动经济的高质量发展，助力长三角一体化提档升级。

---

* 作者简介：朱计，浙江财经大学东方学院讲师。柯汉，浙江财经大学东方学院 2019 级税收学专业本科生。

1. 政策对接

钱塘新区将海宁"杭海新区"纳入钱塘新区战略规划范围，实现区域建设整体协调发展。共同推进政策对接，政策一体化加深杭海一体化的发展进程，形成有机的合作结构，打破行政区划限制，实现"两地同城"的一体化效应。海宁市也在逐步实现"不是杭州、就在杭州"的融杭目标。

2. 政务系统互通

政务服务"杭海通办"签约暨杭海一体化专窗启动仪式在海宁市杭海新区政务服务中心举行，提高了政策协同推进杭海一体化，打破了地区间的行政壁垒和信息障碍。通过信息共用共享，提高政策协同效果。其中，税务部门采取"统一标准、就近受理、数据流转、属地办理、实时反馈"跨区域通办事项服务模式。联合组建业务精准的税收专员团队，共建一体化税收知识库，提高团队协作实现高频涉税事项跨区域异地通办和同城体验。

3. 区域协作

杭海两地的产业开始更加密切地交流合作，明确各自发展的定位和特色，错位互补发展出新的产业结构，优化上下游的产业协作联动，并且完善公共服务网络，实现公共资源共享。促进两地教育、医疗等基础服务行业的人才交流，为经济发展蓄力，为人民幸福携手。

（二）地区基本情况及所辖的上市公司主要财务指标

1. 一市两区发展结构与基本情况

长三角一体化战略背景下的杭海一体化。一体化是战略的核心，海宁市、临平区、钱塘区是相接壤的三块区域，根据地理位置合理选择海宁市融杭的推进也应该是以临平、钱塘为支点。一市两区宏观经济数据相近，经济总量、财政收入都相对在同一水平，但是其他影响经济发展的指标却又有较大差异，这就使区块之间有互相学习借鉴的现实基础。之后，通过建成一个经济上相互融合、政策上整体协作、生活上交流频繁的区域共存体。一市两区中海宁市的面积和经济总量相对有优势，从 2021 年第一季度的经济增长的 GDP 数据也可以看出海宁市的经济恢复情况向好（见表1）。

表1　一市两区基本情况指标①

地区	2020 年 GDP（亿元）	2021 年第一季度 GDP（亿元）	常住人口（万人）	2020 年人均 GDP（万人）	2020 年财政总收入（亿元）	面积（平方千米）
海宁市	1030.78	255.88	107.61	9.58	168.91	863.00
钱塘区	1095.70	213.00	76.92	14.24	224.91	531.70
临平区	726.30	188.07	117.58	6.18	196.57	297.40

注：表格数据由笔者根据浙江省统计局、杭州市统计局有关数据整理而得，人均 GDP 按照常住人口计算。

2. 一市两区上市公司与宏观地区的关联分析

（1）行业分析。根据对一市两区上市公司的数据整理分析②，海宁市的沪深股上市公司数量最少 10 家，临平区与钱塘区的上市公司数量一样为 16 家。就上市时间而言，钱塘区与临平区的上市公司呈现更加年轻化的特点；就行业分布而言，一市两区内部的行业分布都较为平均，但各地区上市公司互有行业的重合。

（2）数据分析。2020 年海宁市上市公司支付各项税费总和、营业收入总额总和分别为 7.65 亿元、176.69 亿元；钱塘区分别为 16.33 亿元、314.04 亿元；临平区分别为 19.84 亿元、435.40 亿元。如表2、表3、表4 所示，海宁市上市公司体量上较另外两者差距明显。财政贡献（支付的各项税费占财政总收入比重）、GDP 贡献（营业收入占 GDP 比重）海宁市分别为 4.5%、17.14%；钱塘区分别为 7.2%、28.66%；临平区分别为 10.09%、59.95%。财政贡献上一市两区的数据呈现类等差数列，海宁市占比最少，上市公司对海宁市经济贡献并不突出；在 GDP 贡献上，海宁仍然与临平区、钱塘区存在差距，临平区该项数据显示明显偏高。

---

① 人均 GDP 的数据各个平台存在一些差异，由于统计口径不一致，故以所查询的数据依据公式测算，保证口径统一以及数值之间趋势的有效性。

② 由于收集信息的便捷性，本文所述及杭海一体化区域内的上市公司为海宁市、临平区、钱塘区的沪深股市的上市公司，数据来源于上市公司公布的年度财报。

表 2　2020 年海宁市上市公司财务数据　　　　　　单位：亿元

名称	营业收入	总资产（年末）	净利润	支付的各项税费
海利得	35.13	58.74	2.55	0.53
天通控股	31.56	75.04	3.86	1.17
浙江美大	17.71	21.79	5.44	2.22
浙江海象	12.24	17.42	1.88	0.65
安正时尚	35.94	47.29	2.40	2.15
晨丰科技	11.73	17.73	1.10	0.24
兄弟科技	19.19	53.58	0.28	0.29
芯能光伏	4.27	27.97	0.81	0.04
钱江生化	4.30	11.60	0.08	0.09
宏达高科	4.62	19.48	0.65	0.27
合计	176.69	350.64	19.05	7.65

表 3　2020 年钱塘区上市公司财务数据　　　　　　单位：亿元

名称	营业收入	总资产（年末）	净利润	支付的各项税费
杭电股份	58.14	74.45	1.24	0.93
顾家家居	126.66	130.38	8.67	6.45
泰瑞机器	8.73	15.11	0.87	0.27
百合花集团	20.05	29.90	2.88	0.90
吉华集团	18.32	54.19	2.29	1.36
壹网壹创	12.99	20.14	3.45	1.56
米奥会展	0.94	5.31	−0.66	0.14
奥普家居	15.93	25.76	1.93	1.03
聚合顺	25.64	22.93	1.16	0.33
格林达电子	5.84	12.48	1.01	0.32
立昂微	0.00	0.01	2.15	1.04
杭华股份	9.87	16.59	1.10	0.56
联德股份	6.70	10.89	1.67	0.38
美迪凯光股份	4.23	10.81	1.42	0.31
奥泰生物	0.00	0.00	6.79	0.75
合计	314.04	428.95	35.97	16.33

表4　2020年临平区上市公司财务数据　　　单位：亿元

名称	营业收入	总资产（年末）	净利润	支付的各项税费
杭州老板电器	81.29	124.58	16.87	7.82
宝鼎科技	3.67	7.54	0.08	0.21
兴源环境	24.49	113.39	−5.33	0.95
微光股份	7.98	13.89	1.93	0.44
贝达药业	18.70	52.30	6.01	0.99
诺邦股份	20.10	22.91	3.79	0.84
万通智控	7.89	9.33	0.37	0.40
铁流股份	15.08	22.09	1.61	0.59
春风动力	45.26	42.01	3.54	1.46
银都餐饮	16.14	29.62	3.11	0.91
天地数码	4.20	5.82	0.23	0.14
运达风电	114.78	160.18	1.73	0.98
众望布艺	4.95	11.04	1.40	0.22
豪悦护理	25.91	33.86	6.02	1.46
杭汽轮	44.96	153.93	5.53	2.43
合计	435.40	802.49	46.89	19.84

二、一市两区上市公司的税收分析

（一）税收负担分析

1. 疫情期间的重点税收优惠政策回顾

（1）增值税。

1）疫情防控重点保障物资生产企业可以按月向主管税务机关申请全额退还增值税增量留抵税额。

2）纳税人提供公共交通运输服务、生活服务及居民必需生活物资快递收派服务取得的收入免征增值税。

3）单位和个体工商户将自产、委托加工或购买的货物，通过公益性社会组织和县级以上人民政府及其部门等国家机关，或者直接向承担疫情防治任务的医院，无偿捐赠用于应对疫情的，免征增值税。

4）2020年3月1日至5月31日，对湖北省增值税小规模纳税人，适用3%征收率的应税销售收入，免征增值税；适用3%预征率的预缴增值税项目，暂停预缴增值税。除湖北省外，其他省、自治区、直辖市的增值税小规模纳税人，适用3%征收率的应税销售收入，减按1%征收率征收增值税适用3%预征率的预缴增值税项目，减按1%预征率预缴增值税。

（2）个人所得税。

1）在新冠肺炎疫情防控期间，疫情防治人员取得的临时性工作补助、卫生防疫津贴和核增的一次性绩效工资，符合财税〔2006〕10号公告的有关规定，可以享受免征个人所得税的优惠政策。

2）取得单位发放的预防新冠肺炎的医药防护用品、防护用品等免征个人所得税。

（3）企业所得税。

1）对疫情防控重点保障物资生产企业为扩大产能新购置的相关设备，允许一次性计入当期成本费用在企业所得税税前扣除。

2）受疫情影响较大的困难行业企业2020年发生的亏损，最长结转年限由5年延长至8年。

2. 整体税费负担

（1）整体税负测定概述。

整体税费负担是由企业一年（通常）所实际缴纳的各项税费与其营业收入的比率来进行核算，用以测算企业的总体税收负担。然而，总体税收负担的测算由于追求测算的总体性，既包含了直接税和间接税等特征各异的税种，使其中的税负存在转嫁，又因为各种税基的不同性质，综合导致了整体税费负担率实际并不能准确地反映企业本身的税收负担。其包括企业涉及的所有税收，所以整体税费负担率是测算企业在市场经济流通领域中进行活动而产生的所有税收支出的有效指标，也就是说整体税费负担率侧重测算在流通过程中的税收支出，该税收支出不完全由企业负担。

（2）一市两区上市公司整体税负情况分析。从一市两区的整体税费负担的变化趋势看，如表5所示，2018~2020年整体税费负担是下降的。一是由于2020年疫情防控期间新的税收优惠政策，二是由于企业整体减负政策的实行。然而，疫情防控期间的税收优惠政策并未直接作用于上市公司，更多是作用于小微企业。从统计数据可以发现，对于小微企业的税收优惠同时协同作用于上市公司。上市公司的组织架构比较复杂，可能其是由于下辖子公司为小微企业政策传导而享受了税收优惠，也可能是由于疫情防控期间的税收优惠体系减轻了市场整体的税收负担，由此深刻影响了市场内的所有企业。这些可能的因素将作为日后税收政策精准实施的参考。由于市场的整体性，如果要对部分行业、部分企业进行精准增负降负，还需设计更巧妙的税收政策。

表5 一市两区整体税费负担率①

名称	2018~2020年整体平均税费负担率	2020年整体平均税费负担率
海宁市	6.14%	4.17%
钱塘区	6.81%	6.20%
临平区	5.23%	4.77%

疫情防控期间海宁市上市公司的整体税费负担降低最为明显，而疫情防控期间的税收优惠政策的目的显然是要全行业整体性地享受税收优惠，故海宁市疫情防控期间税收优惠政策的实施在上市公司范围成效最为显著。另外两者的减负幅度类似，虽然钱塘区税费负担率的降低更大，但由于钱塘区近三年平均税费负担率比临平区高，所以从降低的幅度来说两者税收优惠的幅度是基本持平的（见图1至图3）。

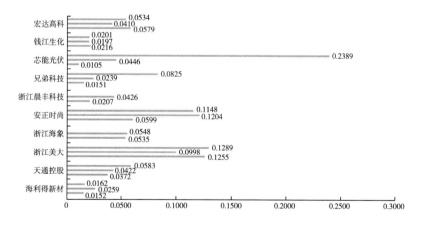

图1 2018~2020年海宁市上市公司近三年整体税费负担

---

① 近三年的平均数据测算仅列入三年数据完整的上市公司。

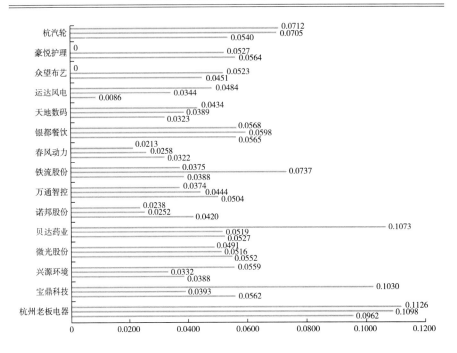

图 2　2018～2020 年钱塘区上市公司近三年整体税费负担

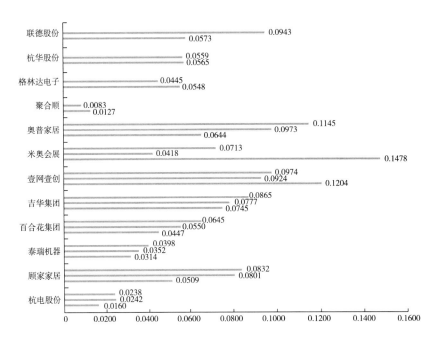

图 3　2018～2020 年临平区上市公司近三年整体税费负担

3. 所得税税收负担

（1）所得税税收负担测定方式概述。所得税税收负担是考量企业税负情况的一个重要指标，原因在于所得税难于转嫁的特点使所得税的实际承担者就是企业自身，并且所得税是政府对企业利润的收取，企业的纳税"痛感"相对强烈，故可以用所得税负担来衡量企业的直接公共贡献以及自身税收负担。

所得税税收负担的利用应交所得税与营业收入的比率来测定，但是该方式存在一个较大的不足：企业的当期应交税费（所得税费用）与营业收入并没有一个既定的关系，即营业收入的高低并不直接影响企业当期负担的所得税费。营业收入相对高、利润率相对低的 a 企业利润可能比营业收入相对低、利润率相对高的 b 企业利润少，导致上述测定方法得出的比率意义不清晰，且无相对的参考指标。为解决上述难点，本文测定所得税负担所选择的公式为：实际税率（ETR）$= \dfrac{当前应交所得税}{当期净利润}$。所得税的计税依据实为企业的利润，在无纳税调整的情况下，企业当期应交所得税为税前利润的25%[①]。由于：企业净利润=利润总额−当期应交所得税（25%利润总额），故无纳税调整的理想情况下，本文中所得税负担的标准值为1/3，约等于0.33。企业所得税实际税率低于标准值意味着享受了税收优惠，高于标准值成因比较复杂，可能由于递延纳税、有较多的不可税前扣除项目等。

（2）一市两区所得税税负情况。观察一市两区上市公司近三年的实际税率情况，一市两区上市公司的单一企业各年的实际税率波动明显，并且企业与企业之间的实际税率差距更为显著。可以看出一市两区所得税税负情况整体呈现不同的特征。

从数值上看，一市两区上市公司普遍的所得税实际税率远低于标准值，平均实际税率只有标准值的一半左右。这表明一市两区上市公司企业名义税率与实际税率差别较大。这与上市公司高水平的税收筹划或有的企业所得税减免项目密切相关。

统计数据显示一市两区上市公司的所得税平均实际税率基本持平，虽然微观上各个企业之间的所得税负担不同，但宏观数据显示海宁市、临平区、钱塘区上市公司整体的所得税税收贡献水平是一致的（见表6和图4

[①] 《中华人民共和国所得税法》第四条：企业所得税税率为25%。

至图 6）。2020 年所得税平均实际税率并未因为疫情的税收优惠政策而出现降低，疫情的税收优惠政策大多是增值税部分的优惠，在所得税负担降低并未起到作用，结合整体税费负担的因为疫情税收优惠政策降低的现象，能够发现税收优惠政策的关联性是有局限性的：税收优惠政策能够在纳税主体之间进行传导（对小微企业纳税人的税收优惠会惠及上市公司），但现有数据并不能证明在税种之间可以传导（转嫁）。

表 6 一市两区上市公司所得税平均实际税率①

名称	2018~2020 年所得税平均实际税率（%）	2020 年所得税平均实际税率（%）
海宁市	16	16
钱塘区	18	17
临平区	16	17

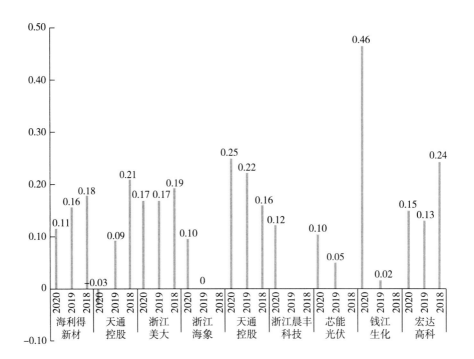

图 4 2018~2020 年海宁市上市公司近三年所得税税收负担②

---

① 三年的平均数据测算仅列入三年数据完整的上市公司。

② 由于其数据异常，图中剔除了兄弟科技股份有限公司数据。

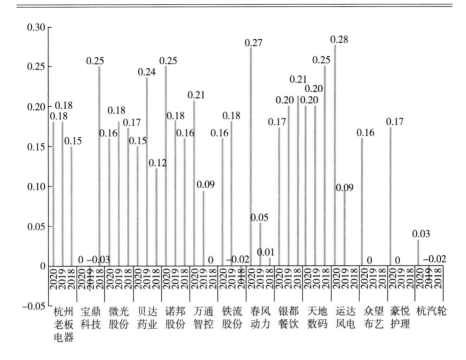

图5　2018~2020 年临平区上市公司近三年所得税税收负担①

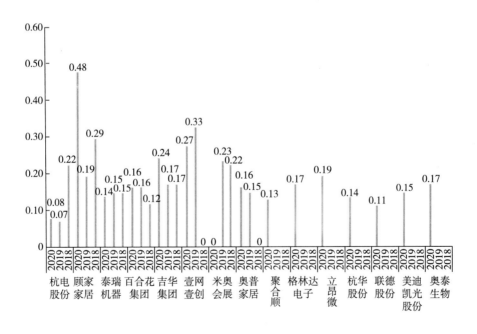

图6　2018~2020 年钱塘区上市公司近三年所得税税收负担

① 由于数据异常，图中剔除了兴源环境科技股份有限公司数据。

（二）税收返还情况分析

1. 企业税收返还情况

本文统计了一市两区上市公司的税收返还比例（税收返还/支付的各项税费）之后，发现上市公司之间的税收返还比例呈现较大的波动，这意味着上市公司之间税收返还程度是不同的。一些上市公司所享受的税收返还甚至大于其支付的各项税费，这种力度的税收返还扭曲了原本的企业竞争，还会造成地区与地区之间的税收竞争，造成效率损失。

2. 地区之间的税收返还情况

海宁市的税收返还力度远高于钱塘区和临平区，三者中钱塘区最低（见表7）。综合来看，海宁市的上市公司总体税负是最轻的，加之最大的税收返还力度共同使海宁市的税收竞争力是三者中最强的，然而若在杭海一体化的背景下考虑，税收负担的过大差异并不利于地区之间的一体化。税收本身是一种扰动市场的外力，在一体化的区域内，若存在不同力度的外力，那么就会在地区内出现税收洼地，对一体化的发展十分不利。

表7　一市两区上市公司税收返还比例

名称	2018~2020年平均研发费用占营业收入比重	2018~2020年平均税收返还比例	2020年平均税收返还比例
海宁市	0.0419	1.1569	1.4421
钱塘区	0.0529	0.2430	0.2755
临平区	0.0412	0.6308	0.5327

3. 研发费用支出水平与税收返还关联分析

税收优惠政策通常是有行业性差别的，不同行业之间的政策优惠力度有显著的差异，所以在分析一市两区上市公司税收优惠水平的因素时需要一个有综合反映能力的指标来进行比照分析。研发费用的支出水平是一个较好的指标：一方面研发费用支出水平本身与税收优惠有关（如研发费用企业所得税的加计扣除），另一方面研发费用支出水平恰恰可以反映不同上市公司的行业特征。本文研发费用的支出水平利用研发费用占营业收入比重来测定。

通过统计数据的相关分析，测量结果表明研发费用支出水平与税收返还比例的相关性。之后引用相关系数指标进行比较，最终发现各地区得出的相关系数差异较大，海宁市、临平区的相关系数分别为-0.12、-0.16；钱塘区为0.54而剔除异常数据后为0.34。可知一市两区范围内研发费用的支出水平与税收返还比例的相关关系是不明显的。研发费用支出会由于税收优惠政策降低自身税费负担，但是基于上述结论说明：其一，或未真正有效地降低研发费用支出水平高的企业税负；其二，或研发费用支出水平低的企业由于减少了研发费用的支出，使其提高筹划水平降低自身税负，从而与高研发费用支出水平的企业在同一税负水平。

三、从税收视角看海宁市上市公司高质量发展

（一）评价上市公司高质量发展应更多关注产业增加值而不仅仅是市值

评价一个地区上市公司高质量情况，可以有规模指标、税收指标和发展潜力指标。地方政府往往会关注上市公司的"做大做强"，紧盯着每年的销售额是否大幅度增长，其有一定的合理性，但并不科学。从原理上销售额不等同增加值，销售额的提升不代表增加值的增加。科学的评价上市公司发展质量，应该更多关注价值增值，且增加幅度具有可比性，判断增长情况可以从税收的两个维度评价：一个是增值税，另一个是企业所得税，应征税收指标可以较好反映企业的真实发展情况。否则就会出现兄弟科技与浙江美大这两家公司的反差，2020年兄弟科技销售额比浙江美大多1.48亿元，但利润贡献却少了5.93亿元。对地方政府来说，利润更能体现价值增值，应征税收指标更能反映企业增加值。

（二）培育头部企业引领三大支柱产业集约化发展

从税源构成上来看，海宁市的指标数据显示，上市公司对地方经济增长的贡献不如杭海一体化下的临平区和钱塘区，有一定的历史原因，但有

一个值得关注的是以皮革经编家纺为支柱产业的海宁，围绕支柱产业的上市公司并不多。公开年报数据显示，海宁皮城涉及三大产业的业务指标增长并不明显。那么对于海宁市来说，龙头产业的带动作用就比较弱，产业集约化程度并不高。在当前减税降费的大背景下，海宁三大支柱产业涉及的相关中小企业，税收贡献非常小，大量的个体工商户分布在市场乡镇，与居住区不能严格划分。如果能资源整合，形成产业集约化经营，地方税收收入受宏观政策影响的力度就会比较小。对比观察邻近桐乡市（见表8），上市公司的引领作用就十分明显，税收收入受宏观经济影响就会比海宁要小。2020年税收入库，海宁比桐乡多10亿元左右，但截至目前税收入库数据显示，海宁市和桐乡市基本持平，海宁市有被超越的较大可能，海宁市经济的高质量发展，值得引起足够重视。

表8 桐乡市部分上市公司2020年盈利情况

上市公司名称		销售额（亿元）	利润总额（亿元）	利润率（%）
桐乡市	新凤鸣	369.3	6.42	1.74
	新澳股份	22.73	1.81	8.09
	嘉澳股份	82.44	18.10	21.96
	华友钴业	211.87	14.79	6.98
	双箭股份	18.11	3.78	20.87
	桐昆股份	458.33	30.03	6.55
	中国巨石	116.66	28.54	24.46
	合计	1279.44	103.47	8.09

注：根据上市公司财报公布数据整理而得。

（三）优化税收营商环境进一步助力海宁企业上市

落实好国家政策，形成区域一体化的营商环境，组团服务好企业发展。一方面要关注已上市公司的发展，另一方面应该更加关注拟上市企业，为其准备上市提供精准服务。积极培育"专精特新"中小企业，在传统产业转型升级中，有机融合多部门联合服务。落实"亩产税收"评价办法，进一步优化资源配置，让市场自发力量来进行市场治理，淘汰落后产能，倒逼市场主体"个转企""小升规"，强化税源管理，做好发票管理，谨防虚开风险，加强对两市一区范围内重点税源户企业关联交易的合理性分析，做好税收收入变化的动向研判，联合杭海一体化范围内的其他税务部门集中开展纳税宣传和统一的税收服务，联合开展税收调研分析，服务杭海一体化下的海宁上市公司高质量发展。

四、小结

海宁市的上市公司与钱塘区、临平区相比，体量规模都较小，对地区经济的发展和推动能力略显不足，这意味着海宁市上市公司所带来的规模效应不够显著。从产业布局上来看，杭海两地的产业体系重合度较高，可以引导调整两地的产业结构，各自适应自身的发展趋势，形成互补融合产业结构，突出海宁市比较优势。短期内，海宁市很难培育出像桐昆股份之类规模较大的上市公司，但适度规模的上市公司也能够为海宁市经济发展带来强劲动力。从税收贡献度来看，海宁市上市公司税收贡献度相对较高，从这个意义上讲，上市公司规模适度，可以产生相对较多的税收。结合当地产业布局，发挥上市公司的"领头雁"作用，带动就业、促进消费，从而实现海宁市上市公司高质量发展。

参考文献

［1］王延明．上市公司所得税负担研究：来自规模、地区和行业的经验证据［J］．管理世界，2003（1）：115-122.

［2］江轩宇．税收征管、税收激进与股价崩盘风险［J］．南开管理评论，2013，16（5）：152-160.

［3］金鑫，俞俊利．政府治理、终极控制与上市公司税收激进行为［J］．中南财经政法大学学报，2015（5）：117-125，160.

［4］王瑞媛．推进宁波上市公司高质量发展问题的思考［J］．宁波经济（财经视点），2020（2）：11-13.

［5］汪东，许卫鹏．加快浙江上市公司高质量发展：一季度粤苏鲁浙京沪上市公司比较分析［J］．浙江经济，2019（14）：31-33.

［6］王娴．促进上市公司高质量发展与资本市场的良性互动［J］．清华金融评论，2019（9）：2.

［7］胡怡建．优化税收体制机制　助推长三角一体化高质量发展［J］．中国税务，2020（11）：18-20.

［8］鞠铭，宫映华，张双鹏．促进长三角一体化高质量发展的税收政策研究［J］．税务研究，2021（3）：26-31.

［9］王亚芬．长三角一体化背景下优化营商环境的路径研究：以浙江省海宁市为例［J］．江南论坛，2020（3）：9-11.

［10］释放"强引力" 海宁营商环境持续向优［J］．浙江人大，2020（Z1）：72-73.

"数字手段"提升海宁税收治理效能的研究

王文青　郁　晓[*]

摘要　随着"加快数字发展，建设数字中国"的深入推广，云计算、区块链等数字技术在各领域广泛应用，为税收治理效能的提高提供了新的选择。将数字技术应用于税收治理，可以在降低税收征纳成本的同时提高征管效率，减少信息不对称，优化税务部门服务，提高纳税遵从。本文首先对税收治理效能相关理论进行分析，通过调查研究，对海宁市税收治理的现状以及目前存在的挑战进行分析，发现海宁市在税收治理信息不对称、数据共享平台的建设、相关数据利用方面有待加强，最后结合具体数字化税收治理的例子，为海宁市税收治理提供具体可实施建议，以期为提升海宁市税收治理效能建言献策。

关键词　税收治理；数据共享平台；数字技术

一、引言

随着新业态、新场景的层出不穷，数字经济蓬勃发展并已成为推动我国经济发展的新动力，根据《2021年中国数字经济发展白皮书》显示，我国数字经济规模在2020年达到39.2万亿元，占GDP比重提升至38.6%。与此同时，由于数字经济下的交易网络化、经济主体虚拟化，税收治理也面临着前所未有的挑战。在新局面下，如何实现税收治理的数字化转型、提升税收治理效能，实现2023年从"以票管税"向"以数治

---

* 作者简介：王文青，浙江财经大学硕士研究生。郁晓，浙江财经大学东方学院教授。

税"精准监管转变，是关系到国家税收征管权益的重要课题。针对这一问题，各地展开了深入探索，并逐步由"以票管税"向"以数治税"过渡，充分利用数字手段提升税收治理效能。本文结合海宁市当地实际，运用数字手段，为提升海宁市税收治理效能建言献策。

二、税收治理效能的相关理论

（一）税收治理效能的定义

要了解什么是税收治理效能，首先要对税收治理有一定的了解。税收治理是国家在相关税收法律法规范围内，通过自上而下的手段，与市场中的众多主体进行多元合作，在市场主体多方参与的环境下提高市场主体的纳税遵从度、降低征管成本，从而保证国家财政收入的目标的实现（王伟域，2021）。效能与效率是有差别的，效能是效率和能力的一种统称，是指个人或组织在有目的的活动中表现出来的效率和能力，它可以反映目标选择的正确性，衡量目标的实现程度。所以，税收治理效能是在保证国家财政收入目标实现的前提下，通过税收政策措施以及税收征管行为自上而下的方式发力，产生一系列积极作用，促使市场主体纳税遵从度提高、征管成本降低、税收惠民便民等。

（二）数字手段在提升税收治理效能中的作用

1. 方便税收管理，降低征纳成本，提高治理效率

非接触式网上办税，电子税务局建设以及无纸化智能办税等的推行，将一项项办税事项统一联网，实现涉税事项一网通办，可以降低征税成本和纳税人的纳税成本，使税款及时、高效、准确地收缴入库，提高税收征管效率。同时，借助网络爬虫技术手段，汇集各省市数据，搭建信息共享平台，收集多方数据，通过算法对数据筛选、核对、配比，再利用大数据分析全面掌握纳税人的涉税数据，采集、分析与应用数据，实现部门内信息的互联互通（孟姝彤，2021），解决部门之间、各个环节之间信息不对

称所带来的风险，同时也可以利用数字化手段对纳税人进行管理，提高税收管理的科学性。此外，做到税收数据的充分利用，极大地提高税收数据的运用能力和效率，打造全新的税收征管方式、智慧税收体系。

2. 减少信息不对称，提高税收治理水平

数字手段的应用为解决税务部门与纳税人、税务部门与其他部门的信息不对称情况提供了解决方案。在传统的"以票管税"的征管方式下，税务机关难以全面掌握纳税人的生产经营情况，若存在纳税人刻意隐瞒，会造成双方掌握的信息不对称，影响征管效率，在社会中产生劣币驱逐良币的现象，造成税款流失。区块链、云计算、大数据技术等数字化手段的应用，可以借助其汇集融合数据的优势，快速、高效地获取与纳税人相关的数据信息，做到税收信息的源头化管理，时刻提醒纳税人履行纳税义务，通过搭建信息共享平台，实施统一化的管理，缓解税务部门与其他部门之间信息不对称问题，有利于税务机关和政府其他部门之间共享信息。同时，通过大数据分析识别企业税收风险等级，建立税收风险预警机制，加强管理。

3. 服务更加优化，提高纳税遵从

影响纳税遵从度的因素主要有两个：一是纳税人自身的认知水平，二是整个国家的税收法治水平、税务信息透明度。在数据时代下这些问题有希望解决，税务部门可以利用网络平台、云上办税大厅等，加大税收宣传、营造遵法守法的氛围，在税收征纳双方之间建立有效的沟通平台，优化税务部门的服务，从而提升纳税人的纳税遵从度。

三、海宁市税收治理的现状及挑战

（一）海宁市税收治理现状

海宁市目前已经在利用数字手段提升税收治理效能中取得了显著成就。

为实现"以票管税"到"以数治税"的转变，各级税务系统进行了

许多探索和实践，海宁市在全市范围内积极推行"非接触式"，2020 年嘉兴市首个"云上办税厅"正式上线，在全市范围内率先实现了税务相关事项的网上办理，并积极贯彻落实《关于进一步深化税收征管改革的意见》相关内容，抓住数字化改革的机遇，提出"四个一"，打造集成式"潮税云"智慧办税厅。

通过跨分局（所）流程再造，融合全市力量，实现全市业务网上一个平台受理；整合办税大厅咨询热线，构建"1+5+N"的体系，建立全方位的问答数据库，实现问题一线解惑；积极推广税务知识云课堂，实现实时互动、定向投送，建立"点单式"课堂，实现一平台通学；开展"潮汐"智控，实现全市业务量、办税时长等十大指标一屏调控。此外，海宁市税务部门还积极建立钉钉、"税小蜜"等多渠道的办税通道，为纳税人提供多样化的服务。

同时，对于无法充分享受政策红利的企业，税务部门仔细研究企业流程，开发适合企业自主进行标准判断、归集费用、报表的管理系统，进行精细化管理，将企业端、税务端与第三方部门联系起来，实现统一系统数据共享。

（二）海宁市提升税收治理效能的挑战

经过税务部门对于税收治理的进一步探索，海宁市在提升税收治理效能方面取得一定成效，并逐步向"以数治税"方向转变，但在这个过程中也面临着一些挑战，即需要深抓税收治理效能提升过程中数字化手段的应用，利用现代先进技术，攻坚克难，提升税收治理效能。

1. 信息不对称问题仍然存在

涉税信息不对称问题，已经成为税收治理研究中一个老生常谈的问题。相对于企业组织的涉税信息收集，一般自然人涉税信息的收集相对较为困难。这主要由于自然人群体的数量巨大且具有极高的流动性，相对较为分散，征收管理较为困难；同时，自然人的收入复杂多样，随着数字经济的发展，收入更加分散、隐蔽，现有的税务系统基础数据的采集范围小，数据的真实有效性难以验证，难以满足数字化税收治理的需要（王军，2021；方东霖、杨沛民，2021）。此外，由于纳税人缺少专业知识，纳税意识的不足，存在少报瞒报的现象，这也会影响涉税信息的收集，造成信息的不对称（苏捷等，2021）。

2. 数据共享平台的建设有待加强

虽然嘉兴市现在已经建成"企业研究开发项目信息管理系统"并逐步在全省范围内推广，率先实现商业银行缴税业务的跨省实时缴纳，但该系统相对比较分散，缺乏统一平台的整合，纳税人在办理业务时往往需要进入多个系统，这在一定程度上减缓了税收征管的数字化步伐。同时，随着税务部门收集的外部数据的增加，数据处理平台难以胜任海量数据处理的需要，缺少相应的技术，导致信息系统数据分析滞后，影响征管的效率。

3. 相关数据利用效率低，决策指挥作用有待加强

涉税相关数据信息的应用停留在较低层次，在大数据、云计算等数字手段分析、深挖数据方面有待加强。当前，仅仅是利用平台对业务量、办税时长等指标进行监控、简单的统计分析和趋势汇总，未能有效地对数据进行深层次的挖掘，并将其应用于宏观经济决策当中；同时，在一些数据汇总结果的分析中，过多局限于宏观层面的分析，缺少对数据本身的针对性分析。

4. 税收风险筛查主动性不足

由于税务人员中综合性人才较少，主动筛选税收风险的积极性不高，虽然整个浙江省的税收风险意识产生比较早，但是从应用推广方面来看，较其他先进省份仍存在着不足，缺乏主动迎战能力。在税收管理风险点的筛查中，省级税务局占的比重较大，市级、县级主要依靠省局的推送，主动意识不足。

四、海宁市提升税收治理效能的建议

面对在提升税收治理效能方面的各种挑战，海宁市可以利用数字手段来提高税收治理效能，实现数字化手段融入到税收治理中并"反哺"、推进税收治理（邵凌云、张紫璇，2020），实现税收治理效能。在这个过程中可以借鉴其他省市实践经验，结合当地实际，设计出符合自己的税收治理效能提升手段。

（一） 建立自然人信息共享平台

为解决自然人涉税信息不对称的问题，深圳市税务局联合各部门，打通涉税信息共享的渠道，推出自然人信息共享智慧化平台，涵盖教育、医疗等在内的 11 个政府部门，实现教育、卫生、民政、住建、不动产、社会保障等涉税信息的一平台查询，在通过立法方式解决信息共享问题存在难题的情况下，这一智慧税务平台的搭建，将各部门的涉税信息实现了一平台共享，打通了部门之间的共享壁垒，通过一个平台直接和其他部门共享信息，有效地解决了税收信息不对称的问题。海宁市可以借鉴深圳市在涉税信息共享方面的经验，整合本市涉税信息，建立综合性的信息共享平台，实现涉税信息的平台查询。

（二） 借助第三方优势，提高数据利用效率

深圳税务通过与各部门的通力合作，实现数据的精确掌握，同时借助政法委以及顺丰地图等数据平台，建立税源、户籍地图，积极推进税源的精准定位、精确掌握（张国钧，2021）；利用数据分析智慧化平台对涉税指标进行综合性分析，对税收风险较高的税种及征管环节进行重点关注，对涉税信息及时归集和应用。加强对重点税源的监控，充分利用大数据、区块链技术对高风险的税源进行纳税评估，加强对高税收风险的企业监管，实现对纳税人的实时动态监管。

（三） 加强人才队伍建设

运用大数据等数字手段提升税收治理效能，并非完全地依靠数字化技术手段而不需要人的保障，在提高税收治理效能的过程中，人才是重要的保障，必须破解大数据技术人才短缺的难题，加强对人才的培养，完善人才激励机制，打造综合性人才队伍。进行人才深度挖掘，发现在数据分析、网络信息化、风险分析等方面有丰富经验的技术骨干。此外，还要为人才营造良好的环境，增强人才的学习能力、提高创新力，为提高税收治理效能提供人才保障。

五、总结

将大数据、云计算等数字手段应用到税收治理效能提升的过程中，"反哺"、推进税收治理，以数字化平台的应用积极推动税收的高效征管，使税收风险更加可控，同时也在很大程度上提升了办税人员的业务能力，实现税收治理效能的提升。

参考文献

［1］2021年中国数字经济发展白皮书［EB/OL］.［2021-04-27］. https：//blog. csdn. net/kymdidicom/article/details/116179021.

［2］王伟域. 论我国税收治理理念的历史演进与逻辑规律［J］. 税务研究，2021（7）：112-117.

［3］孟姝彤. 经济数字化下以数治税的创新路径［J］. 湖南税务高等专科学校学报，2021，34（4）：22-27.

［4］王军. 当前个人所得税征管面临的困境及对策建议［J］. 湖南税务高等专科学校学报，2021，34（4）：63-66.

［5］方东霖，杨沛民. 高收入群体个人所得税征管问题研究［J］. 税务研究，2021（7）：137-140.

［6］苏捷，洪倩倩，蒋震. 个人所得税第三方涉税信息报告制度研究［J］. 国际税收，2021（7）：16-21.

［7］邵凌云，张紫璇. 数字经济对税收治理的挑战与应对［J］. 税务研究，2020（9）：63-67.

［8］深圳推出自然人信息共享智慧平台大幅提升涉税信息查询便捷度［EB/OL］.［2021-01-17］. https：//shenzhen. chinatax. gov. cn/sztax/xwdt/swxw/202001/05e08aa0f1f24d37b3b94fec7286c2db. shtml.

［9］张国钧. 以"数字驱动"提升税收治理效能的探索与思考［J］. 税务研究，2021（1）：54-58.

合伙型私募股权基金的税收问题研究

高伟华　欧泽千 *

摘要　随着经济发展水平的不断提升，我国私募股权投资基金的规模日益扩大，并已成为支持实体经济的重要力量。当前我国私募股权基金行业进入了新的发展阶段，与其相关的税务问题和讨论日益增多。本文针对合伙制私募股权基金各环节涉税业务和税收政策深入分析，发现税收实务中存在的问题，有利于为完善税收政策和优化税收筹划方案提出合理建议，以促进行业长远发展。

关键词　私募股权；有限合伙型；税收问题

一、引言

自 20 世纪末私募股权投资基金被引进中国资本市场以来，我国私募股权行业开始迅速崛起，其发展过程中也经历过低谷，并进行过一系列的改革。后来，我国加强了私募股权基金行业的监管力度，建立激励政策，并完善配套体系的建设，使私募股权市场进入了更加规范的上升阶段。根据中国证券投资基金业协会（简称"中基协"）2021 年公布的数据，到 2021 年底，我国募集成功的私募基金有 124117 只，基金的规模一共达到了 19.76 万亿元。其中，私募股权基金虽然并没有占多数，只有 30801 只，但基金的规模有 10.51 万亿元，占到了私募基金总规模的一半以上。由此可见，私募股权投资基金在推动公共创新和创业发展方面具有重要作用。

---

　* 作者简介：高伟华，讲师，硕士，浙江财经大学东方学院，研究方向：税收理论与政策。欧泽千，浙江财经大学东方学院学生。

合伙制私募股权基金是我国私募股权基金中最常见的一类，但至今还没有具备一套明确统一的专门税收法律。各地推出了各种各样的税收优惠政策，导致税收征管的环境更加复杂，税收征管中往往存在不适用、不公平等实务问题，严重挫伤了投资者的积极性。因此，对合伙制私募股权基金的税收现状进行研究，分析问题出现的根本原因，并对合伙型私募股权基金的税收政策提出合理建议，具有重要的理论和实践意义。

二、我国合伙型私募股权基金税收概述

（一）合伙型私募股权基金的概念及优势

基金是一类金融理财产品，包括私募和公募两种不同的资金募集形式。私募基金就是指对投资人进行非公开形式的融资，其主要面向那些可以承担高风险的组织及个人。其中，私募股权基金是将募集到的资金投资于还未上市企业的股票，或者是在已经上市的公司以非公开的方式进行交易，最终获得投资收益。

根据组织形式的不同，私募股权基金主要可以分为公司制私募股权基金、契约型私募股权基金和合伙型私募股权基金。下面以有限合伙制私募股权基金为例，详细介绍其概念和优势。有限合伙制私募股权基金是合伙型私募股权基金的一种，它是以有限合伙企业的形式设立的一种私募基金。投资人作为合伙人，依照有关法律、政策的规定成立合伙企业，并按照合伙协议的约定分享基金企业利润。合伙人分为普通合伙人和有限合伙人，普通合伙人是基金的管理人，负责管理合伙企业各项业务，并且具有对企业债务的无限责任，而有限合伙人不参与基金日常运作、投资、决策和其他实质性的管理活动，只需要根据其出资额对基金债务承担有限的责任。

有限合伙制的私募股权基金与其他组织形式相比具备一定的优势。一是所有权和管理权相互独立。有限合伙人购买基金，对基金的股份拥有所有权，而普通合伙人对基金进行管理，并且参与分配基金投资收益。合伙人之间不存在利益冲突，资本与公司管理相互独立运作，所有权与管理权互不干扰。这种独特的结构使有限合伙成为一种高效的组织形式，能够为中小投资者提供更好的投资机会和更高的回报。二是合伙企业的机制十分灵活。在有限合伙企业中，优先权和次序可以通过协议提前约定，在达成了优先协议的利益和本金之后，下级对收益或利润进行再分配。当公司出现危机时，可以由有限合伙人承担部分责任，而普通合伙人则可以继续经营。三是可以避免双重征税的问题。有限合伙型私募股权基金的收益实行先分后税的办法，因此基金本身不用计算所得税，只需合伙人按分到的所得缴纳企业所得税或个人所得税。基金的投资收益通过合伙企业，分配给合伙人，并保持原始属性，具有"税收穿透"的特点，因此税收负担较低。

（二）我国合伙型私募股权基金的纳税规定

1. 涉及增值税的相关规定

基金在其投资过程中的应税收入主要包括利息、股息和红利。红利所得不征收增值税；利息所得按一般纳税人 6%、小规模纳税人 3% 税率计算增值税，来源于国债、地方政府债券的利息所得免税。混合投资收益要根据合同中的约定条款来判断计算，如果是属于固定或保底的利润，那么将该收益确认为利息收入，一般纳税人按照 6% 的税率计算缴纳增值税。在管理环节，企业向基金管理人缴纳的管理费，可以在核算企业的生产经营所得时予以扣除，而增值税一般纳税人按其支付的管理费取得的增值税专用发票抵扣进项税额。管理人取得的管理费、咨询费收入一般纳税人和小规模纳税人的税率分别为 6% 和 3%。

2. 涉及所得税的相关规定

根据《财政部　国家税务总局关于合伙企业合伙人所得税问题的通知》（财税〔2008〕159 号）规定，合伙企业生产经营所得及其他所得，适用"先分后征"的原则。有限合伙制企业从基金中取得收益时，不需要自身缴纳所得税，按比例将收益分配给所有的合伙人之后，法人和其他组织的合伙人应当按照 25% 的税率计算企业所得税，自然人合伙人应当按照 20% 的税率计算个人所得税。基金管理人对投资管理环节中取得的管理费收入、咨询收入等按 25% 的税率征收企业所得税。

基金从投资项目中退出时，出租、转让的财产所得作为合伙企业的总收入，减去成本、费用和损失后的余额，如果按照个人合伙人的生产经营收入来确认，则适用 5%～35% 的超额累进税率，分五档征收。如果作为财产转让收入确认，则与股息、红利收入一样适用 20% 的税率。合伙人为法人的，其生产经营所得和其他基金收入按 25% 的税率征收企业所得税（见表1）。

表1　有限合伙制私募股权基金所得税

主体		管理/咨询费	分红收益	退出收益
私募管理公司		25%	25%（先分后税）	25%
投资者	法人	—	25%（先分后税）	25%
	自然人	—	20%（先分后税）	20% 或 5%～35%
私募基金		—	不征收	不征收

3. 涉及印花税的相关规定

在投资环节，如果基金从被投资公司的原始股东手中购买了公司股份，那么，根据产权转让的相关规定，基金必须以其所签署的协议中的股权购买价格采用 0.5‰ 的税率计算印花税。退出环节，发生基金转让时，被投资公司的股权需要按照产权转移书以适用 0.5‰ 的税率计算缴纳印花税。

（三）我国合伙制私募股权基金的税收优惠政策

为了加大对私募股权市场的支持力度，中央和地方政府相继出台了多项全国性和地方性的税收优惠政策，推动该行业的创业投资进入了新阶段。

1. 全国性优惠政策

根据创业投资相关规定，有限合伙型基金投资未上市的中小高新企业的以及法人合伙人对该合伙企业出资均满两年的，法人合伙人可以按照投资额的 70% 抵扣从投资企业分得的应纳税所得额；当年不足抵扣的，可以在以后的纳税年度进行结转抵扣。有限合伙型基金采取股权投资的方式投资初创科技型企业满 2 年的，其取得的收益可以按照投资额的 70% 在当年抵扣应纳税所得额；当年不足抵扣的，也可以在以后纳税年度进行结转抵扣。

关于创业投资相关的税收政策规定：自然人合伙人的创业投资基金可以选择单一投资基金核算，其获得的股权转让和股息红利所得要按20%的税率计算个人所得税；也可以选择年度所得整体核算，取得的所得按5%～35%的超额累进税率计算个人所得税。但是两种方式选定一种之后，三年内不能进行更换。这项规定对于个人合伙人来说更具灵活性，可以根据自身的情况进行选择和调整。

2. 区域性优惠政策

全国多个地区都推出了具有针对性和吸引力的税收优惠政策，以下列举部分：

新疆在2010年针对私募股权投资行业出台了相关规定：有限责任公司在迁入新疆之后可以变更其企业性质为有限合伙制，同时，企业合伙人只需以15%税率计算缴纳企业所得税，个人合伙人按20%的税率计算缴纳个人所得税。

在深圳前海合作区，优惠名单内的股权投资企业可以按照15%的税率计算企业所得税。而且该地区不仅为股权投资企业设立了管理费收入奖励和企业落户补贴，还成立了人才吸引基金，对外来的技术人才提供了相应的补贴福利。

2020年，北京中关村将开始实施创业投资企业的所得税优惠试点工作，对达到要求的企业可以按照个人股东持有股份的比例来免缴企业所得税，大力激励股权投资者的长期投资，而个人股东获得的股息红利收入只征收个人所得税，不再征收企业所得税，从而避免了重复征税。

三、我国合伙型私募股权基金税收问题及原因分析

（一）未颁布专门税法，实务存在争议性

目前我国合伙制私募股权基金的规模在不断地扩大，而国家还没有出台正式的合伙制企业税收法律。2019年，《中华人民共和国个人所得税法

实施条例》首次以行政法规的方式明确提出经营所得包括"个人独资企业投资人、合伙企业的个人合伙人来源于境内注册的个人独资企业、合伙企业生产、经营的所得"。之后，在处理合伙制股权投资企业的税收问题时，通常都是依据国家财政部、税务局已经发布的政策文件进行处理解决，存在高位阶法律缺位、低层次法规文件杂乱的现象，而私募股权投资基金的业务相关主体和涉税环节较多，需要进行区分，结合实际情况采用不同税收政策。目前的立法现状使私募股权基金税收政策在实务中存在较大的模糊性和不确定性。

1. 私募股权基金募集环节是否缴纳印花税

各地方税务部门对于基金在募集环节是否征收印花税意见不同。如果基金把合伙人出资额作为"实收资本"或"资本公积"，那么就要按照合计总额的 0.25‰征收印花税；如果按照其他科目核算，那么免征印花税。目前有一些地方税务机关为了征管秩序，要求基金企业对出资额一律以 0.25‰的税率缴纳印花税，在执法上存在"一刀切"情况。

2. 私募股权基金退出时经新三板转让是否缴纳增值税

股权基金在退出环节如果经过新三板的转让是否要交增值税，实务操作中存在争议。虽然国发〔2013〕49 号文件规定，市场建设原则上按照上市公司投资者处理，但已发行的条例中并没有明确地指出通过新三板进行的股权转让行为需缴纳增值税，这导致企业在解读税收政策时引发歧义，在申报纳税时可能会与地方税务机关产生矛盾。

3. 法人合伙人留存收益转增资本或股本是否缴税

被投资企业首次募股前股改过程中发生盈余公积、未分配利润转增资本或股本等行为，合伙基金的法人合伙人是否需就此缴税存在争议。公司型私募股权基金未分配利润转增资本时，法人股东按照投资占比获得的注册资本，以及以资本溢价产生的资本公积转增资本，都无须缴纳企业所得税。被投资企业以股权溢价产生的资本公积转为股本，投资企业不能将其作为收入，也不能增加该长期投资的计税成本。但是对合伙型私募股权基金来说，收到分配后投资，股改公司将未分配收益转增股本，法人合伙人不能穿透合伙企业这个"透明体"直接享受免税政策，可能仍要缴纳所得税。

虽然目前各地区税务机关在税收征管过程中拥有较大的自主裁决权，可以缓解税法滞后、文件规定繁杂带来税务征管苦难的局面，但实际上存在税收风险增加的不利影响。

（二）部分税收政策不适用，导致企业税负高

私募股权投资行业目前只能依照现行的一般公司或者合伙企业税收政策履行纳税义务，存在很多未明确的事项，而国家还未针对行业特点颁布相应的税收政策，因此在实务中存在部分税收政策不合理、不适用的情况。

1. 投资人无法进行跨企业弥补

根据我国相关条例规定，企业合伙人在计算应缴纳企业所得税的时候，是不能利用投资的其他企业的亏损来抵销利润。也就是说，投资人投资的各个基金企业之间的收益利润都需要独立核算，投资人也不能跨企业弥补某一企业产生的亏损。私募股权基金投资由于项目存续期限长，自然人投资者的投资亏损不能抵扣投资收益，法人投资者也很难进行亏损跨期、跨项目等结转，因此无法在短期弥补投资亏损额，其盈利模式主要是依靠较少数项目的投资收益弥补多数项目的亏损，但此项规定在实际运用中并不适合，导致合伙制企业投资者亏损缺口变大，因此不太契合私募股权投资市场集合资金、分散投资的特点，打击了该行业经营者和投资者的积极性。

2. 合伙人无实际所得但有纳税义务

财税〔2008〕159号文件规定的生产经营所得和其他所得，包含了企业分配给每个合伙人的所得和企业当年留存的所得。这就表明合伙企业即使没有向合伙人实际进行收益分配，只要产生了所得，投资人就需要按照合伙协议约定的分配比例及相关扣除规则确定投资者的应纳税额。就算只分配了一部分，对于还没有分配的当年留存的收益也需要申报缴纳所得税。在实务中，如合伙制基金对留存收益进行再投资而没有分配的情况，合伙人在还未产生任何现金结存下，可能会产生高额的应纳税款，导致其无法具备纳税的能力。

3. 个人合伙人与企业合伙人税收待遇不同

有限合伙制私募基金在进行股权投资时，投资款一部分转化为被投资标的的注册资本，另一部分则变为资本公积。之后若发生资本公积转增注册资本或股本，对企业合伙人不征税，而对自然人合伙人，资本公积转增股本确认所得，按照20%税率计算应缴纳个人所得税。此时，自然人合伙人未实际取得所得，却需要缴纳个人所得税，存在个人合伙人与企业合伙人税收不公平的现象。

（三）税收优惠政策难以直接享受

由于国家层面出台的针对私募股权投资行业的税收优惠政策单一，各地区为支持鼓励本地私募股权投资基金产业的发展，陆续出台了多种税收优惠政策。然而在实务中，这些地方政府规章存在许多问题，导致纳税人很难享受优惠政策。

1. 税收优惠政策地方差异化

由于各地方政府会根据当地发展水平和实际情况制定符合发展需求的税收优惠政策，这就导致各地的税收政策在优惠形式、返还规定、主体待遇上存在较大的差异。

各地优惠形式也不尽相同，主要包括税收返还、应纳税额减征和各种补助等形式。其中，因为各个地方政府税收留存比例不同，导致税收返还的比例也会有区别。在我国税收优惠政策多种优惠形式并存的情况下，合伙企业在进行税收筹划时除了要评估税收返还比例，还需要考虑地方财政留存和奖励补贴的差别。

在政策执行方面，各地方政府通常会设置不同的返还条件。例如，南京市根据基金募集资金的规模不同，给予管理人不同金额的落户奖励，而其他部分地区是根据企业对当地财政贡献按比例进行补助。各地对于税收返还的年限和比例也不相同。比如：宁波杭州湾地区规定，从股权投资企业成立起十年内，对其给地方财政增加收入的90%给予补助；杭州市湘湖基金小镇则规定企业注册年度间隔一个会计年度起算，五年内对当地政府增加的财政收入，前面三年按80%、后面两年按65%的比例给予补助。此外，返还周期也各不相同，有一个月返还的，也有半年、一年返还的。因此，对企业人员在进行税务筹划时要求更高了，不同类型和规模的基金项目如何选择优惠力度更大的政策，需要对不同地区相关的政策详细研究比对，制定合适的纳税计划。

在申请税收优惠政策的审批过程中，不同企业受到的待遇也有区别。基金规模大、更具潜力的基金公司更容易通过审批，一些符合当地经济发展需求的企业还可以获得享受更高返还比例以及低门槛的特权。在这种情况下，在某个地区不同的股权基金公司可以享受到的优惠政策可能会有所不同。

2. 税收优惠政策难实施

在实际操作中，落实各项税收优惠政策面临着许多困难。一是有关投资基金的税收优惠政策对所投项目限制条件较多，而且要求严格，很多股权投资企业因达不到规定的要求而不能享受优惠政策。例如，一些优惠政策要求所投项目必须是经过认定的高新技术企业，且企业的年销售额和职工人数以及研发经费、技术性收入等占比都要符合一定指标。二是不同地方政府的财政水平差距较大，一些地方政府如果当年的财政收入较少，那么当地企业税收返还可能存在延迟兑现的情况。三是因为各地政策的认定差异，一些外地税收政策在企业注册本地无法得到税务部门的认可，法人合伙人就不能享受该地的税收优惠。四是部分地区优惠政策申报审批时存在材料繁杂、流程化等现象，给企业申请税收优惠政策增加了难度。五是由于部分私募股权投资企业内部对税收筹划相关专业人才的缺乏，或者对政策理解不正确，导致企业错过很多可以利用且合适的税收优惠。以上这些原因，都影响了私募股权行业全面落实优惠政策。

（四）纳税风险防控体系不完善

目前，我国私募股权基金行业在纳税环节的税务风险防控体制亟待完善。除了宏观层面的外部风险因素之外，企业自身一些不当税务行为也会带来涉税风险。比如企业税务遵从意识淡薄，在业务处理过程中没有及时进行税务登记和纳税申报，或者存在隐瞒收入、虚假申报纳税的情况；或者是企业人员专业能力不足，缺乏对税法及相关流程的详细了解，导致企业多缴或少缴税费。这些都会给企业经营带来风险，不仅会使企业经济上蒙受损失，还会受到税务机关部门的处罚，损害企业信誉。如果企业不能有效防范税收风险，将会波及与该企业有业务往来的其他企业，从而影响整个行业的正常秩序和发展。

四、对策及建议

（一）设立统一的税收法规

尽管自 2009 年以来，国家税务局在各种通知文件中都提到过关于合伙企业的税收问题，但并没有颁布专门的法律，现行的税收政策已经不能满足基金规范化发展的需要。各地政府为了吸引资本、人才等，带动本地的经济水平，制定了具有地方针对性的税收优惠政策，结果使全国各地投资基金的规模和经济贡献水平差距变大。因此，国家应该根据合伙型私募股权投资基金的性质和特点，以及未来该行业的发展规划，对现有的政策进行补充和优化，尽快通过立法程序让法规条例变为税收法律，对适用税率、纳税方式、纳税对象等细则进行明确，兼顾纳税人利益和国家财政收入，使纳税人在纳税时和征税机关在征管时有法可依。例如，我国目前基金行业无论长期还是短期投资都适用一样的税率，这样会减少投资者进行长期投资的积极性，建议可以调低长期投资的税率，从而促进不同投资类型均衡发展。

对于合伙企业的合伙人在缴纳企业所得税时，不能跨公司弥补亏损，相关部门可以修改税收规则，建立一套合适的亏损弥补机制。允许合伙人投资损失可以抵扣另外投资公司的收益，合并不同项目的损益，投资收益在缴纳所得税时可一次性扣除；允许合伙制企业可以利用留存收益来弥补亏损，并退还已缴纳的所得税税款。这样可以降低企业的税收负担，带动创业投资的活力。

对没有实际收入但又负有纳税责任的合伙人，可以考虑同意其进行延迟纳税。合伙企业合伙人所得税的缴纳时间，可以根据基金收益分配的需要来确定。比如，在基金持续期内进行收益分配，合伙人应按实际分配的收益缴税，在基金清算时，对其进行汇总纳税；若基金存在期限较长，则按五年为限分期缴纳。这种方法可以解决合伙人因避税而不愿意进行利润分配的问题，也可以防止因没有获得实际收入而被征税的情况。对于一些刚成立或者是基金规模小的股权投资企业，这样的调整将有利于满足它们的发展需求，减少企业成长初期的税负压力，实现税收公平原则。

（二）加大税收优惠政策的扶持力度

税收优惠政策具有改善资源分配、调控经济市场的作用，地方政府出台不同形式和优惠力度的税收政策，可以更好地吸引资本和人才，带动当地行业和经济发展。但是，由于国家层面未能进行有效的指导，地方政府为了吸引企业和资金而利用出台的政策相互竞争，给该行业带来了负面影响。建议国家统一出台一套适用于合伙型私募股权投资基金的税收政策的规范细则，进一步合理管理各地税收政策。在此基础上，地方政府跟紧国家的指引方向，以全国性政策为主导，在合理的条件和范围内制定地方性税收政策作为补充，共同推动我国的私募股权投资基金产业的发展。

当前，不同地区对于合伙制股权企业的税收征管模式存在差别，部分地区的申报程序较为烦琐。在实际工作中，由于对税务规定不明确或企业缺乏详细地学习了解，导致合伙制股权企业申报过程复杂且容易出错。为此，建议各地政府建立公开透明的审批体系和返还机制，加强对各环节的监管，规范基层人员的操作流程，实现办理进度可查询、申报流程可便捷。

（三）合理税收筹划，加强风险防控

企业降低税负最有效的办法就是合理利用税收优惠政策。企业应结合自身的实际条件进行合理税收规划，更充分地享受税收优惠政策带来的福利。在成立合伙型基金企业初期，就应该充分了解各地方的税收优惠政策，进行比较后选择政策最适合、优惠最多的地区作为企业的注册地。在对企业进行税收筹划时，应该考虑到企业的纳税方式和基金结构等各种方面，比如单一基金的核算方式和按年度所得的核算方式哪一个更适合企业；企业是否可以利用基金层面不涉及所得税这一性质，来避免个人合伙人在基金亏损时无法进行以前年度退税的情况。企业在税收筹划方案实施的过程中，要时刻注意税务政策的变化动态，并适时地作出相应的调整和改进。企业还需要大力培养税收筹划的人才，要求其不断提升自身素质，培养全局意识和长远发展的眼光，来制订更科学的筹划方案。

私募股权投资企业想要保证基金投资的正常运行，必须加强风险防控体系。首先，企业发生交易业务之后应及时进行登记，完整填写相关的信息内容，并进行详细的备案，从而确保后续税务工作的进行，有效降低企业税务风险。其次，企业应加强对财务核算工作的监督，由于合伙制股权投资企业在运营中所涉及的业务范围广、种类多，细小的错误可能关系到一连串项目，所以更应该严谨正确地处理每个项目，避免出现漏税、偷税等行为，有效防范税务风险。最后，公司应加强企业内部办税人员的专业能力，成立专门的税务部门来办理涉税业务，并根据自身情况和市场情况，建立税务风险紧急预案，及时预测到风险后，立刻采取措施规避风险。

参考文献

［1］陈健，魏挺．有限合伙私募股权基金税收筹划研究［J］．中国总会计师，2021（6）．

［2］关迎霞．有限合伙制私募股权基金的税法规制［J］．河南财政税务高等专科学校学报，2020（34）．

［3］黄杰．有限合伙制私募股权投资基金税收管理探讨［J］．国际商务财会，2021（8）．

［4］何雪雪．合伙型私募股权投资基金的所得税探讨［J］．投资与创业，2021（32）．

［5］吕涵．私募股权基金的税收筹划［J］．今日财富，2021（20）．

［6］史明霞，邢少卿．我国有限合伙制私募股权基金税收问题探析［J］．财务与会计，2017（22）．

［7］王潇，王胜铎．合伙制私募股权投资基金所得税问题研析［J］．税务研究，2018（11）．

［8］余燕娟．我国私募股权投资发展现状及建议分析［J］．今日财富，2019（8）．

［9］张涛．合伙制私募股权基金所得税政策分析［J］．中国财政，2018（11）．

［10］赵志炜．合伙型私募股权投资基金税务筹划研究［J］．财经界，2020（9）．

［11］周睿婷．公司制和有限合伙制私募股权基金税收差异分析及建议［J］．国际商务财会，2020（6）．

［12］左进. 合伙制私募基金税收政策分析及建议［J］. 保险职业学院学报，2020（3）.

［13］Achleitner A K，Bauer O，Figge C，et al. The Case for Secondary Buyouts as Exit Channe［J］. Journal of Applied Corporate Finance，2013，24（4）.

［14］Gompers Paul. Grandstanding in the Venture Capital Industry［J］. Journal of Financial Economics，1996，42（1）.

共同富裕背景下税收作用发挥
及其影响研究

——以嘉兴市共同富裕实践为例

嘉兴市税务学会课题组 [*]

摘要　共同富裕是社会主义的本质要求，而税收在国家治理中发挥着基础性、支柱性和保障性作用。在推动共同富裕的进程中，税收的作用同样重要。嘉兴是浙江乃至全国城乡统筹发展最为均衡的地市，以嘉兴共富实践为例，可以观察到税收的作用发挥，集中体现在筹集财政收入保障民生支出、提高经济效率做大共富"蛋糕"、调节收入分配缩小贫富差距等方面，但同时也在一定程度上反映出现阶段共同富裕存在的问题和税收作用发挥的限制。从税收参与三次分配的角度看，应从优化税制入手，适当提高直接税比重，不仅要以效率原则促进经济发展，更要以公平原则调节收入和财富分配，并在助力市场主体履行社会责任的同时，加强对新经济、新业态和高收入群体的监管，以有效保障税收调节职能的发挥。

关键词　共同富裕；税收作用；嘉兴实践

一、引言

党的十八大报告提出："必须坚持走共同富裕道路。共同富裕是中国特色社会主义的根本原则。"党的十九大更是提出明确目标："到本世纪中叶全体人民共同富裕基本实现。"随着我国开启全面建设社会主义现代化国家新征程，共同富裕被赋予了新的内涵：所谓"富裕"，就是要求社会生产

＊　作者简介：嘉兴市税务学会课题组。组长：莫建林；执笔：蔡黎明；组员：陈红芳、顾淑媛、忻祖能、郑黎辉。

力高度发展、社会全面进步，而"共同"，则要求现代化成果由全体人民共享。2021年8月17日，中央财经委员会第十次会议专题研究扎实促进共同富裕，明确：在高质量发展中促进共同富裕，正确处理效率和公平的关系，构建初次分配、再分配、三次分配协调配套的基础性制度安排。

税收作为调节收入的重要政策工具，在三次分配中的作用不可或缺。在初次分配阶段，税收以效率为原则，在筹集财政收入的同时，有效促进市场要素流动，提高经济效率，助力做大经济规模；在再分配阶段，税收以公平为原则，更多发挥调节收入和财富分配的作用；税收参与第三次分配的形式主要表现为税式支出，即以税收优惠的形式引导和激励社会资源流向第三次分配领域。可见，在高质量发展建设共同富裕中，税收起着制度性保障作用。

2021年5月20日，《中共中央　国务院关于支持浙江高质量发展建设共同富裕示范区的意见》发布，浙江被赋予了先行先试在全国率先建设共同富裕示范区的重大战略使命，而嘉兴作为浙江乃至全国城乡统筹发展最为均衡的地市，对标浙江"共同富裕示范区"战略使命，提出要建设共同富裕示范区典范城市。从嘉兴的实践来看，其在统筹市域经济发展、缩小城乡收入差距方面取得了阶段性成效，2021年全市GDP跃上了6000亿元台阶，税收收入规模突破千亿元，城乡居民收入比缩小至1.60：1，地区人均可支配收入最高最低倍差为1.14：1，城乡和地区居民收入差距均保持全省最小。可以说，嘉兴已在共同富裕的道路上迈出坚实步伐。以嘉兴实践为例，深入研究税收促进共富的作用发挥极具代表性，可在市域层面为高质量发展建设共同富裕提供丰富素材和实践借鉴。

二、嘉兴共同富裕的实践与成效

（一）经济规模持续扩大，为做大共同富裕"蛋糕"提供了坚实基础

近年来，嘉兴市抢抓长三角一体化发展上升为国家战略的重大机遇，把"接轨大上海、融入长三角、推进一体化"作为高质量发展的首位战略，经济社会快速发展，经济总量持续扩大，十年跨越4个"千亿"台

阶，2021 年，成功跻身"六千亿"俱乐部。从全省 11 个地市来看，嘉兴 GDP 规模首次跃居第五，人均 GDP（GDP/常住人口）达到 116323 元，列第四位，略超全省平均；经济密度①（GDP/区域面积）达到 16233 万元/平方千米，居全省首位（见表 1）。无论是人均 GDP 产出还是单位面积经济活动产出，嘉兴都走在全省前列，特别是经济密度远高于全省平均水平，这表明嘉兴经济发展的区域协调水平和城乡统筹水平均优于全省，也为嘉兴从打造"城乡统筹发展的典范"向高质量发展建设"共同富裕典范城市"奠定了坚实基础。

表 1　2021 年浙江省各地市 GDP 统计

地市	面积 （平方千米）	常住人口 （万人）	GDP （亿元）	人均 GDP （元）	经济密度 （万元/平方千米）
浙江省	**105500**	**6540.0**	**73516.0**	**113661**	**6968**
杭州	16596	1220.4	18109.0	149857	10912
宁波	9714	954.4	14594.9	153922	15025
温州	12065	964.5	7585.0	78879	6287
绍兴	8256	533.7	6795.0	127875	8230
嘉兴	3915	551.6	6355.3	116323	16233
湖州	5820	340.7	3644.9	107543	6263
金华	10942	712.0	5355.4	75524	4894
台州	9411	666.1	5786.2	87400	6148
丽水	17298	251.4	1710.0	68101	989
衢州	8845	228.7	1875.6	82174	2121
舟山	1440	116.5	1703.6	14623	11831

（二）税收规模突破千亿元，为兜牢共同富裕底线提供了财力支撑

税收是经济的晴雨表，是考量一个地区发展水平和发展质量的重要指

---

① 经济密度，指区域国民生产总值与区域面积之比，反映单位面积土地上经济效益的水平和集聚度。

标，更是财政收入的主要来源。2021年，嘉兴市税收收入、财政总收入和一般公共预算收入分别为1089.8亿元、1122.8亿元、674.8亿元①，均位居浙江省前三位（见图1）。全市税收规模突破千亿元，对财政收入的贡献持续保持高位，对财政总收入和一般公共预算收入的贡献度②分别达到97.1%和90.4%（见图2）。根据财政支出的"瓦格纳法则"③，随着人均GDP增长，财政支出占GDP的比重也会随之提高，也就是说财政支出会随着经济的增长而增长。2021年，嘉兴市一般公共预算支出增长了11.4%，其中用于民生支出631.12亿元，占比达到79.5%，绝大部分是来自税收的贡献。从共同富裕的角度看，财政支出必须更加注重对民生的纾困，加大对社会保障体系的财政支持力度，提升基本公共服务的均等化，这是托底的必然要求。也就是说，税收兜牢的是共同富裕的底线。

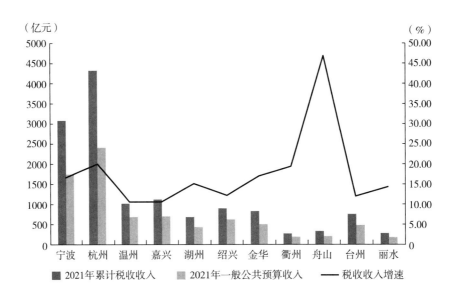

图1　2021年浙江省分市税收收入和财政一般公共预算收入情况

---

① 《2021年嘉兴市国民经济和社会发展统计公报》。
② 税收贡献度，分别指财政总收入中税收占比和一般公共预算收入中的税收占比。
③ 瓦格纳法则的基本原理，是指随着国家职能的扩大和经济的发展，要求保证行使这些国家职能的财政支出不断增加，即随着人均收入提高，财政支出规模相应提高。

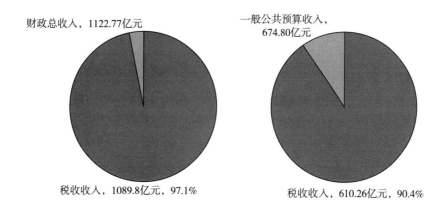

财政总收入，1122.77亿元

一般公共预算收入，
674.80亿元

税收收入，1089.8亿元，97.1%

税收收入，610.26亿元，90.4%

图 2　2021 年全市财政总收入与一般公共预算收入构成情况

（三）县域经济税收差距缩小，为全市域共同富裕提供了现实可能

县域经济一直是嘉兴经济发展的特色和基础，其所辖的五个县（市）均进入了全国综合实力百强县。从区域经济规模看，嘉兴市本级和县域经济之比始终保持在 1∶3 左右。2021 年，嘉兴 7 个县市区中，有两个县市（海宁和桐乡）GDP 超过了 1000 亿元，而平湖和南湖在 900 亿元左右，秀洲和嘉善在 800 亿元左右，海盐最低，也达到了 621.6 亿元。从税收收入规模看，海宁和桐乡均超过了 170 亿元，平湖超过 160 亿元，嘉善和海盐均超过百亿元，嘉兴也是浙江省唯一所辖县市税收规模均超百亿元的地市。从财政收入看，海宁和桐乡一般公共预算收入超过了百亿元，嘉善反超平湖，跃上了 80 亿元。从人均 GDP 看，7 个县市区均超过了 10 万元，其中海盐和平湖超过了 13 万元。从城乡居民人均可支配收入看，海宁、南湖、平湖、海盐均跃上了 6 万元台阶。从人均 GDP 和人均可支配收入看，区域之间最高最低的倍差分别仅为 1.23∶1 和 1.14∶1，这反映出嘉兴全市域共同富裕的基础已初步形成（见表 2）。

表 2　2021 年嘉兴市分区域经济、税收及居民可支配收入情况

区域	GDP（亿元）	税收收入（亿元）	一般公共预算收入（亿元）	人均 GDP（元）	居民人均可支配收入（元）
全市	5355.3	1094.7	674.8	116323	60048
市本级	—	351.6	228.5	—	—

续表

区域	GDP（亿元）	税收收入（亿元）	一般公共预算收入（亿元）	人均GDP（元）	居民人均可支配收入（元）
南湖区	896.0	—	—	108910	60952
秀洲区	802.3	—	—	115323	53962
海宁市	1196.3	178.2	114.4	108814	61593
桐乡市	1141.7	170.6	109.3	108744	57677
平湖市	907.5	160.2	75.9	132772	60868
嘉善县	789.3	129.4	82.8	119772	59256
海盐县	621.6	104.7	63.9	133476	60930
最高最低倍差	**1.92**	**1.70**	**1.79**	**1.23**	**1.14**

（四）城乡统筹发展走在全国前列，为推进共同富裕提供了示范样本

城乡统筹发展是嘉兴高质量发展的一张金名片。2004年，时任浙江省委书记的习近平同志到嘉兴调研时指出"嘉兴完全有条件成为全省乃至全国统筹城乡发展的典范"，经过十多年的城乡互融、工农互促和一体推进，嘉兴已然成为"均衡富庶发展的先行地"。2021年，嘉兴农村居民人均可支配入跃上4万元台阶，达到43598元，连续18年居全省首位，远超过全省平均（35247元）和全国平均（18931元）。城乡居民收入比也从2012年的1.92∶1缩小至2021年的1.60∶1，低于全省平均（1.94）和全国平均（2.5）。同时，城镇居民人均可支配收入的地区极差仅为1.16∶1，农村居民人均可支配收入的地区极差更是低至1.09∶1（见表3）。嘉兴城乡统筹均衡发展，已成为率先形成高质量发展建设共同富裕示范区的标志性成果之一。

表3　2021年嘉兴城乡居民人均可支配收入情况　　　　单位：元

区域	城乡居民人均可支配收入	城镇居民人均可支配收入	农村居民人均可支配收入	城乡居民收入比
全市	**60048**	**69839**	**43598**	**1.60∶1**
南湖区	60952	63972	42830	1.49∶1
秀洲区	53962	62855	41684	1.51∶1
海宁市	61593	73003	45415	1.61∶1
桐乡市	57677	68153	43709	1.56∶1

续表

区域	城乡居民人均 可支配收入	城镇居民人均 可支配收入	农村居民人均 可支配收入	城乡居民收入比
平湖市	60868	71814	43914	1.59∶1
嘉善县	59256	70428	44324	1.64∶1
海盐县	60930	72239	44486	1.62∶1
最高最低倍差	1.14∶1	1.16∶1	1.09∶1	—

三、从嘉兴共富实践看税收作用发挥存在的问题

（一）从税制构成看，直接税比重相对偏低，在再分配领域的作用较为有限

目前，我国的税制基本特征是主征间接税、主要向企业征税，与欧美等发达经济体相比，嘉兴市税收直接税占比 42.2%，低于发达经济体的 50%~60%，与新兴经济体相比（40%~50%）也不高，在很大程度上限制了税收对收入分配的调节能力。税收调控的重点，主要体现在所得税与财产税上。从个人所得税来看，2021 年嘉兴个人所得税占税收比仅为 7.4%，低于杭州的 12.9%[①]、苏州的 14.6%，远低于欧美主要经济的 30%~40%，而薪金所得占个人所得税比重超过 40%，个人所得税严重依赖收入并不高的工薪阶层，没有实现通过对高收入群体征高税来平衡不同群体收入的目标。从企业所得税来看，2021 年嘉兴市占比 79% 的查账征收企业（16.9 万户）缴纳企业所得税占企业所得税总额的 93.6%，户均纳税 14.9 万元，实际税负按利润总额的 0.19∶1，而适用 15% 税率的高新技术企业和适用 20% 名义税率的小微企业户均纳税仅为 3.9 万元，过高的企业所得税税率降低了绝大部分企业的投资回报率，也降低了企业再投资的意愿。从财产税来看，目前尚未建立起完善的财产税体系，房产税也仅处于试点后的起步阶段，尚未立法，然而一些高收入群体通过资本的积累拥有多处房产，且免于纳税。其他财产性税收如遗产税等也存在制度缺位等情况。同时，个人所得税、房产税、财产税等税收征管体系不够完善，

[①] 《2021 年浙江省国民经济和社会发展统计公报》。

税源缺乏有效监控。比如，经营所得和资本所得保持分类征收，为高收入人群提供了避税空间。

（二）从重点税种看，个人所得税制度尚未完善，对不同收入群体的调节弱化

自个税改革以来，我国采用分类与综合相结合的课征模式日渐完善，2021 年我国个税收入达到 13990 亿元，成为第三大税种。然而，新税制下的收入再分配效应仍未得到突破性的加强。在"公平"方面，对不同类型之间的收入差距调节作用较小。通过对 2021 年嘉兴市个人所得税的收入构成分析发现，个人所得税中大体可归为劳动所得的四个税目（工资薪金、劳务报酬、稿酬、特许权使用费）贡献的税收占比超过 42%。相比之下，经营所得贡献占比为 4.6%，财产性所得贡献占比为 21.7%，劳动所得的税负明显比经营所得及财产性所得的税负重。在"限高"方面，税率结构难以实现对高收入人群的调节。综合所得最高边际税率（45%）与经营所得（35%）、财产转让所得（20%）的税率相差较大，且较高的几档税率因覆盖面小而难以发挥对高收入者的有效调节，这会使收入差距进一步扩大。在"提低"方面，专项附加扣除项目有待调整优化。尤其是对中低收入人群来说，考虑到其实际纳税负担差异，如果不同地区、群体适用相同的专项附加扣除，这将会给中低收入家庭带来较大的负担。例如，子女教育在不同教育阶段支出具有显著的差异，高中阶段的教育负担远高于小学和初中的义务教育阶段，而目前子女教育专项附加扣除只考虑到受教育子女数，并未按不同地区、不同年龄段加以区分来制定定额扣除的政策，不利于税收的公平正义。

（三）从三次分配看，对慈善的税收激励不足，影响企业主动履行社会责任

从总体上看，目前针对公益捐赠的税收激励政策体系还不够完善，相关税收优惠法律仍不健全，在一定程度上抑制了企业主动服务社会的热情。在回报社会方面，按照现行规定：一方面，各地财税部门审批公益性捐赠税前扣除资格主要面向慈善组织，导致慈善法规定的税收优惠政策难以覆盖商业信托公司；另一方面，捐赠人只能向获得税前捐赠扣除资格的

组织捐赠才能享受税收优惠。目前，嘉兴市获得这一资格的慈善组织只有51家，平均每县（市、区）不到5家，然而捐赠手续烦琐，导致大量捐赠没有通过有资质组织捐赠，难以获得相关税收优惠。从实际捐赠看，大部分企业对于慈善活动的投入以偶发性和阶段性捐助为主，捐助额占销售收入的比例多在1%以下，据统计，2021年全市捐款总额为3.7亿元，仅占GDP的5.8‰。在维护职工权益和人才培养方面，税收激励力度不够，企业投入经费不足，特别是传统制造业企业工资增长率仅在2%~5%。在纳税信用方面，动态"信用+风险"管理尚处在试点阶段，全市仅个别大企业签订了纳税遵从协议。

（四）从税收实践看，对新业态新模式监管不够有力，公平与效率原则有待发挥

随着数字经济飞速发展，嘉兴网络直播营销发展迅猛，直播电商交易规模位居全省前三，在淘宝、抖音、快手等平台开播主播达13000余人，但是这类新业态的征税数据较难获取、收入信息比较隐蔽，很多平台没有把相关信息推送给税务机关，税务机关也未能在新业态征管领域深度应用大数据等智慧税务手段，由于信息不对称性，导致出现了"雪梨"等主播税案、阴阳合同等违法行为，造成税款大量流失。当前个人所得税对高收入人群的征管力度有待加强，在中等收入群体中，劳动所得占比较高，在高收入群体中，资本所得占比较高，但是资本所得税负显著低于劳动所得税负。同时，较少纳税人适用较高几档税率，影响了纵向公平效应的发挥，以2021年为例，嘉兴家庭平均年收入达32.5万元，全国排名41名，而适用30%以上税率贡献税收占薪金所得的18.6%（其中45%税率仅占7.3%），这从侧面反映出，高收入行业中仍隐含着税收征管问题。

四、发挥税收调节作用促进共同富裕的对策建议

（一）从税制层面看，应适当提高直接税比重，增强调节收入职能

"限高、扩中、提低"是共同富裕的题中之义，增加劳动报酬比重、

提高经营性收入、加大对财产性收入的调节力度是收入分配的关键。从优化税制层面看，适当提高以所得税为主体的直接税比重，可以更好地发挥税收在收入分配方面的作用。在个人所得税制方面，应进一步深化完善分类所得和综合所得相结合的改革，通过提高工资性收入免征额、扩大与民生相关的扣除范围等，增加低收入者的可支配收入；通过适当扩大综合所得范围，合理兼并、适当扩大低税率级距等，降低中等收入群体的税收负担；通过适当调整综合所得边际税率，提高资本性收入所得税率，加大对极高收入阶层的调节力度。在企业所得税制方面，应适当下调25%的名义税率，进一步减轻中小企业税负，以促进经济效率提升，扩大稳岗就业，增加劳动者收入。财产税制方面，应合并与房地产有关的税种，适时推进房地产税立法，可考虑对高资产拥有群体率先征税；同时加快研究出台资本利得相关的税收政策，特别要加大对理财、信托、基金等资本利得的调节力度，以进一步缩小贫富差距。

（二）从地方层面看，应提升区域竞争力和吸引力，做大共同富裕"蛋糕"

做大共同富裕"蛋糕"，需要经济实力支撑。嘉兴目前虽然已经具备了良好的区位优势和城乡统筹发展的优势，但要打造共同富裕典范城市，提高在长三角都市圈的辨识度，必须不断提升自身的竞争力和吸引力。一方面，要提升产业竞争力，既要参与长三角产业分工，又要有自己的产业图谱；既要加快发展先进制造业，又要扶持和培育新经济、新产业，不断做大做强区域经济规模和质量。另一方面，要提升人才吸引力，人才始终是跟着产业走的，要满足产业发展需求，增强企业稳定和创造就业岗位能力，促进充分就业、高质量就业，真正使产业成为吸引和留住人才的"容器"。在这个过程中，税收除了筹集财政收入、保障地方财力之外，还要发挥好税收政策导向作用，特别是加大对新经济、新产业的扶持力度，并通过大规模的减税降费政策，进一步降低企业税负、激发市场主体活力。另外，还要发挥个税对人才的激励作用，如适时推广海南自贸港的税收激励，对高端人才、紧缺人才，其个税实际税负超过15%的部分予以免征，以提高人才实际收入水平，激发人才创新活力。

（三）从企业层面看，应加大税收政策激励，支持市场主体履行社会责任

企业是财富的创造者，也是参与财富分配的主体，在收入三次分配中占据了重要环节。企业诚信依法纳税、吸纳劳动者就业、提高劳动者报酬、加大慈善公益捐赠等，都是履行社会责任推动共同富裕的重要内容。税收应在这方面进一步加大激励，如通过将纳税信用融入社会信用体系建设，引导企业履行依法纳税、安全生产、提供合格产品、保护环境等法定义务；给予实现劳动报酬合理增长的行业与企业税收优惠，鼓励企业加强员工培训和人才培养；通过放宽慈善捐赠税收激励的门槛，提高捐赠税前扣除比例，简化慈善捐赠税收减免程序，提高企业参与第三次分配的意愿；扩大税收优惠享受主体范围，完善慈善信托税收制度，支持慈善组织设立慈善信托专户，吸引更多社会力量参与慈善事业，从而让更多市场主体在共同富裕中发挥作用。

（四）从征管层面看，应关注新业态和高收入人群监管，保障税收作用发挥

在数字经济时代的当下，各种新业态、新模式不断催生，灵活就业形式多样，部分行业产品和服务的提供者日趋个人化，以企业为主体的税收征管体系受到冲击，个人所得税的地位将越来越突出。随着个税改革的深入，个税征管也要适应数字经济快速发展的变化，一方面，要加强对新业态、新收入模式的监管，要运用互联网大数据定期对明星艺人、网络主播等从业人员开展"双随机、一公开"税收检查，加强对直播带货、打赏以及共享经济、分享经济、零工经济的监管，将各类新的收入形式纳入征收范围，推动形成宽税基、低税率的个人所得税制度。另一方面，要加强对高收入人群的监管，特别要关注高收入者的资本性所得，加强对高收入行业的企业中高管人员和个人投资者所得的监管，重点加强对限售股转让所得、拍卖所得和非货币资产评估增值、战略投资者引入及资本运作等涉税行为的监管，保障个税调节财富差距的作用。与此同时，要加强对逃避税的打击力度，参照企业所得税反避税规则，减少以避税为目的收入和财富跨境流动，并严格防范影视行业等高收入群体通过"虚假合同"等方式逃

税，以更好地维护社会公平正义。

五、结论

嘉兴的共富实践证明在推进共同富裕中税收的作用不可或缺，但也反映出现阶段税收作用的发挥仍存在较大局限。在高质量发展推进共同富裕的背景下，税收应聚焦发展不平衡不充分问题，以"效率+公平"为原则，不断优化税制结构，积极参与三次分配，特别是要主动应对数字经济模式下的新业态，加强对新形式收入、高收入人群的监管，以保障税收调节分配的职能作用发挥。同时，要助力地方政府提升区域竞争力，壮大经济税收总量，以更好筹集财力保障民生支出，并积极引导市场主体履行社会责任，助力改善财富分配格局，加快共同富裕进程。

参考文献

［1］李旭红．三次分配视角下促进共同富裕的税收政策选择［J］．税务研究，2021（11）：4.

［2］冯俏彬．促进共同富裕要发挥好税收的调节作用［J］．税务研究，2021（11）：3.

［3］石绍宾，张玲欣．我国税收调节收入分配差距的主要障碍及完善［J］．税务研究，2021（4）：6.

［4］李本贵．推进共同富裕的调节收入分配税收理论思考［J］．税务研究，2021（11）：3.

［5］吕冰洋，郭雨萌．税收原则发挥与共同富裕：基于国民收入循环框架分析［J］．税务研究，2022（4）：12-18.

"双支柱"方案对我国税收征管的
影响与应对

——基于"支柱二"对嘉兴税收影响的测算

国家税务总局嘉兴市税务局课题组[*]

摘要 经济的数字化和全球化发展给传统的税收征管制度和征管方式带来了诸多挑战，经合组织（OECD）等国际组织也在努力推动国际社会达成共识应对这一日趋迫切的问题。本文利用嘉兴市国别报告和享受税收协定待遇情况等税收数据就 OECD "支柱二" 全球最低税规则对嘉兴的潜在影响进行测算，并根据测算中发现的现有税收征管模式的不足，为我国改进数字经济时代的税收征管水平提出了深化国际税收治理合作、完善境外企业税务登记、健全涉税信息披露、优化企业所得税法律和简化数字经济税收规则及管理五点建议。

关键词 双支柱；税收；征管

2012 年 6 月，二十国集团（G20）财长和央行行长会议同意通过国际合作应对税基侵蚀与利润转移（BEPS）问题，并委托 OECD 开展研究。2015 年，OECD 发布了《关于数字经济面临的税收挑战的最终报告》，2021 年 10 月 8 日 OECD/G20 BEPS 包容性框架下的 140 个国家（地区）中的 136 个国家（地区）就 "双支柱" 方案达成共识，并发布《关于应对经济数字化税收挑战双支柱方案的声明》。这是 BEPS 在全球税收规则根本性变化中的一个重要里程碑，将对跨国企业及世界各国的财税政策乃至经济发展产生变革性的影响。

---

* 作者简介：国家税务总局嘉兴市税务局课题组。组长：郑汀；执笔：曹炜；组员：陆勇、吕伟。

一、"双支柱"最新方案概述

"双支柱"方案的主要目标在于征税权的更公平分配以及利润被合理征税。"支柱一"和"支柱二"共同组成应对经济数字化税收挑战的多边方案，同时规定了一系列的配套措施以解决现有税收政策的不足和分歧。

（一）"支柱一"的核心内容

"支柱一"着眼于平衡数字经济下对大型跨国企业征税权的分配。"支柱一"融合了之前印度的用户参与方案、美国的营销型无形资产方案和英国的显著经济存在方案特点，这三项方案重新分配征税权的方法有所不同，但都试图从不同的角度识别现有税收规则下利润分配时未被识别的价值创造活动或用户（市场）所在国的参与，根本性地改变利润分配及联结度（Nexus）规则，并扩大用户（市场）所在国的征税权。因此，新联结度和利润分配规则是"支柱一"的最大特点。

"支柱一"由金额 A、金额 B 和税收确定性三部分组成。金额 A 是对超大型跨国企业集团全球利润征税权在各辖区间的重新分配。根据金额 A 规则，一定规模以上的跨国企业集团，无论在市场辖区是否设立应税实体，只要从市场辖区取得的收入达到一定门槛，都需将一定比例的剩余利润分配给市场辖区。金额 B 是通过简化对独立交易原则的运用，确定对跨国企业集团所从事的基本营销和分销活动的回报。税收确定性是指对于金额 A 适用范围内的跨国企业集团，通过强制有约束力的争议预防与解决机制，避免金额 A 的双重征税。

2021 年 10 月 8 日"双支柱"方案最新声明明确："支柱一"金额 A 适用于全球收入 200 亿欧元①以上且利润率在 10% 以上的跨国企业集团。根据 OECD 测算，全球大约 100 家规模最大、利润最高的跨国企业（集团）将适用该规则；剩余利润（超过收入 10% 的部分）的 25% 新分配给市场国，全球每年分配给市场国的利润预计将达到 1250 亿美元。

---

① 未来条件成熟时，将降至 100 亿欧元。

（二）"支柱二"的核心内容

"支柱二"通过设定全球最低税，解决大型跨国企业集团利用低税地转移利润和税收"逐底竞争"问题。"支柱二"核心包括由两项紧密联系的国内法规则——收入纳入规则（IIR）和低税支付规则（UTPR）——共同构成的全球反税基侵蚀规则（GloBE 规则）与一项基于税收协定的应税规则（STTR）。在执行收入纳入规则的税收辖区，母公司将就实际税率低于特定税率的跨国企业成员实体补缴税款至全球最低税水平；对于跨国企业成员实体未适用收入纳入规则的，其他成员实体所在税收辖区可以执行低税支付规则，通过限制这些其他成员实体的所得扣除或做等额调整补征税款至全球最低税水平。全球反税基侵蚀规则将适用于根据 BEPS 第十三项行动计划（国别报告）确定达到 7.5 亿欧元门槛的跨国企业。各辖区对总部位于本辖区的跨国企业适用收入纳入规则时，不受该门槛限制；作为跨国企业集团最终控股实体的政府机构、国际组织、非营利组织、养老基金或投资基金以及这些实体所使用的持有工具，不适用全球反税基侵蚀规则。应税规则允许来源国对适用税率低于最低税率的某些特定关联支付[①]有限征税，应税规则的执行优先于全球反税基侵蚀规则。

对于收入纳入规则和低税支付规则，2021 年 10 月 8 日"双支柱"方案最新声明明确的最低有效税率为 15%，应税规则最低税率则为 9%。OECD 估计全球最低税规则每年将产生约 1500 亿美元的额外全球税收收入。根据 OECD 发布的 2017 年国别报告数据[②]，5883 个跨国企业集团达到了"支柱二"全球反税基侵蚀规则的适用门槛，囊括分布全球各地的 100 多万个成员实体，其中最终控股企业在中国内地的有 264 个跨国企业集团。

二、"双支柱"方案对嘉兴市税收的潜在影响

由于现有征管信息的制约，我们选择将向嘉兴市税务机关提交国别报告的跨国企业集团作为主要测试对象，就"双支柱"方案的潜在影响进行

---

① 支付的特定款项包括利息、特许权使用费和其他明确定义的一系列费用。

② OECD. Country-by-Country Reporting Table I-Aggregate totals by jurisdiction［EB/OL］. ［2021-11-17］. https：//stats. oecd. org/Index. aspx？DataSetCode＝RS_GBL.

分析。根据 2020 年国别报告数据，尚未有最终控股企业在嘉兴市的跨国企业集团受到"支柱一"影响，但有 6 个最终控股企业在嘉兴市的跨国企业集团将适用"支柱二"全球反税基侵蚀规则。这 6 个跨国企业集团在境外 18 个国家或地区设有 63 个成员实体，在全球的成员实体达到 239 个。

（一）"支柱二"收入纳入规则的测算情况

我们依托最终控股企业向嘉兴市税务机关报送的 2020 年《国别报告—所得、税收和业务活动国别分布表》数据，对收入纳入规则的潜在影响进行了测算。具体步骤如下：

第一步，根据 2020 年国别报告经营数据（税收辖区、税前利润、计提的企业所得税等），剔除中国境内和跨国企业收入不超过 1000 万欧元且税前利润不超过 100 万欧元的税收辖区。

第二步，测算每个跨国企业集团在各税收辖区涉及的补税金额，即每个跨国企业集团如在单一税收辖区存在税前利润且有效税率低于 15%，则以 2020 年在该辖区的税前利润弥补留存收益（亏损）后的金额为税基，乘以 15% 与实际税率的差额计算其相应需要补缴的税款。

第三步，将该国（地区）所有涉及补税的跨国企业集团补税金额加总，形成该国跨国企业集团在全球最低税规则下涉及的补税总额。

根据 2020 年国别报告数据，嘉兴市 6 个提交国别报告的跨国企业集团中，有 3 个跨国企业集团在 4 个境外税收辖区的整体有效税率低于 15%。基于"支柱二"收入纳入规则，上述跨国企业集团需向集团母公司所在管辖地缴纳的企业所得税金额为 16207.66 万元（见表 1）。

表 1 受"支柱二"IIR 影响企业补税情况

	跨国企业集团名称	有效税率低于 15% 的境外税收辖区数量	补税金额（万元）
1	G	3	8204.33
2	J	1	3203.35
3	S	2	4799.99
4	合计	4	16207.66

"双支柱"方案建议对根据包容性框架认可的会计准则所编制的报表的会计利润进行少量调整，包括股息、出售股份产生的损益及股权激励形式的

薪酬费用等永久性差异项目和当地税法下常见的经营性资产一次性费用化、资产加速折旧等特定暂时性差异；基于实质经营的公式化剔除①；考虑亏损、超过"最低税率"所缴纳税款的结转等。目前，根据BEPS第十三项行动计划（国别报告）要求企业披露的数据，尚无法就税基进行充分调整，因此有效税率应进一步调整。在跨国企业集团母公司进一步补充投资收益（包括股息、出售股权产生的损益）和人员工资（包括奖金、福利和社会保险）的数据后，我们对税基进行了修正，修正后的影响如表2所示。

表2　受IIR影响企业税基调整后的补税情况　　　　单位：万元

	跨国企业集团名称	仅剔除投资收益	剔除投资收益并考虑实质经营的公式化剔除（8%、10%）	剔除投资收益并考虑实质经营的公式化剔除（5%、5%）
1	G	5614.67	1449.00	3028.36
2	J	3022.61	2717.25	2832.70
3	S	3957.64	690.86	1106.48
4	合计	12594.91	4857.10	6967.54

在充分考虑更多税基调整因素后，企业因收入纳入规则补税的金额明显下降，过渡期第一年的补税金额为4857.10万元。从税基调整前后的补税金额变化看，G集团和S集团在实际税率较低的国家（地区）投资收益较大，但也存在实质经营。特别是S集团，在实际经营公式化剔除的过渡期第9年，1个境外税收辖区的调整后税前利润才为正数，因此实质经营的公式化剔除对其影响显著。

（二）"支柱二"其他规则的影响

由于"支柱二"规则将采用自上而下的方法补足税款，在最终控股企业及中间控股企业（如有）所在税收辖区均未采纳收入纳入规则的情形下，我国可对居民企业向低税率地区的支付采用低税支付规则。目前，由于包容性框架尚未对"双支柱"方案的细节达成最终方案并制定法律工

---

① 公式化经济实质排除，其将排除等同于5%的有形资产账面价值和人员工资的所得。在10年过渡期内，有形资产账面价值和人员工资的排除比例分别为8%和10%，排除比例在前五年每年下降0.2个百分点；后五年有形资产排除比例每年下降0.4个百分点，人员工资排除比例每年下降0.8个百分点。

具，各税收辖区就"支柱二"方案规则的态度尚不明朗。同时，基于目前的税收征管信息，我国税务机关也未能有效掌握各企业的关联关系、取得支付款项境外公司的上层各股东信息及所属企业集团在当地的有效税率。因此，低税支付规则对嘉兴市的具体影响尚无法评估。

应税规则允许来源国对适用税率低于最低税率的利息、特许权使用费等关联支付有限征税，且优先于全球反税基侵蚀规则。根据在 2020 年享受我国对外签订的双边税收协定利息或特许权使用费条款优惠的申报数据和企业关联申报信息，我们就应税规则的影响进行初步测算。2020 年，嘉兴市享受利息或特许权使用费条款的对外支付数量为 77 笔，其中 18 笔利息识别为支付给香港关联方、1 笔特许权使用费支付给瑞士关联方，所得合计1796.81 万元、占全市享受税收协定利息或特许权使用费所得的 31.53%。

由于支付香港和瑞士税收居民的所得适用协定后的税率分布分别为7% 和 9%，假定上述取得款项的关联方均没有产生相关费用，则香港关联方取得的每笔所得因有效税率为 7%，根据应税规则在境内需补缴 28.70万元的企业所得税；若企业所属集团在香港的整体有效税率经应税规则补征后仍未达到 15%，且其上层公司未适用收入纳入规则，我国可以依据低税支付规则进一步补充征税。从嘉兴市 2020 年对外关联支付适用应税规则的测算情况看，这一规则对嘉兴市的影响非常有限。

（三）"支柱二"现有测算的不足

2021 年 10 月 8 日，OECD/G20 包容性框架成员虽就"双支柱"全球税改方案达成共识并就某一些细节予以进一步的详细阐述，但"支柱二"方案中的一些其他关键要素的实质性、技术性细节暂未披露（见表 3），因此方案的补税金额仍具有较多不确定性。

表 3　"支柱二"尚未披露的细节

"支柱二"	其他
1. 由亏损结转和折旧造成的税务异常处理； 2. 用于计算可扣除实质经营活动回报的人员工资和有形资产的定义； 3. 用以判断其他类似规则是否能够产生收入纳入规则、低税支付规则同等效果的标准； 4. 应税规则的实施以及"其他特定款项"的具体范围； 5. 视同有效税率符合要求的具体情况。	1. 立法模板及相关注释； 2. 为"支柱二"制定多边工具所面临的挑战。

三、"双支柱"方案对我国税收征管的影响

国别报告要求跨国企业集团申报其遍及的税收辖区的总体税务资料，是税务机关实施高级别转让定价风险评估或评价其他税基侵蚀和利润转移风险的一项重要工具。"支柱二"方案的测算过程表明仅使用国别报告数据还远不能实施"支柱二"方案，全面实施"双支柱"方案需要税务机关获取更多的企业信息并提升管理水平。

（一）征管模式有待深刻变革

2004 年的《国家税务总局关于进一步加强税收征管工作的若干意见》（国税发〔2004〕108 号）提出"坚持属地管理原则，实施分类管理"后，我国税务机关一直根据行政区划和税源规模及分布，对所辖税源实施分类管理。《税务登记管理办法》明确要求从事生产、经营的纳税人向生产、经营所在地税务机关申报办理税务登记。上述规定造成了在中国境内未办理工商营业执照也未经有关部门批准设立的境外单位或个人需要在从事生产、经营地分别办理临时税务登记。

在实践中，即使由扣缴义务人履行代扣代缴也需要在税务征管系统中登记境外单位的组织临时登记信息，且与税务登记同样需在不同的县级税务机关中分别登记。在全国税务机关统一使用金税三期核心征管系统的情况下，税务登记信息不共享互通显然无法适应数字经济的发展。以某境外企业为例，该企业 2020 年从嘉兴市 3 个县（市、区）的 5 户企业处取得 11 笔所得，但其在这 3 个县级税务机关获得了 7 个不同的纳税人识别号、2 个不同的英文名称、2 个不同的中文名称。

（二）征管信息有待全面整合

就浙江省的税收征管方式而言，由于税务机关属地管理的方式，境外企业的申报和纳税信息在境内以县一级为汇集单位。在不同县级税务机关的管辖区域，由于境外企业被登记的纳税人识别号不同，纳税人名称可能存在差异，征管信息难以未经清洗即进行加工利用。在执行"支柱二"低

税支付规则时，需要计算境外企业所属跨国企业集团在中国境内取得的全部收入、利润和已缴纳的税款。税务机关对"支柱一"金额 A 和金额 B 的准确计算和校验，也同样需要来自税收辖区层面的合并数据。这都要求税务机关可以按跨国企业集团分别合并数量庞大的各类征管信息。

"支柱二"应予征税规则适用于关联支付，因此如何确认关联关系是执行该规则的首要问题。在测算中，有效识别关联关系的方式主要依靠企业在关联申报和同期资料中披露的信息，对于未被披露是否存在关联关系的收款方则需要主管税务机关根据日常征管中掌握的信息进行判断。目前，征管系统未将我国境内各省份的全部征管资料进行整合共享，税务机关在落实应税规则时可能无法有效识别与本地企业首次发生交易或未曾在本地企业关联申报和同期资料中披露的关联方。

（三） 申报披露要求有待细化提高

"支柱二"方案不仅需在各税收辖区层面计算有效税率，还需对税基进行一定的调整，这包括永久性和暂时性差异、基于实质经营的公式化剔除、结转等调整内容。根据我国现行的税法规定，企业尚未有披露全部境外经营数据的义务。因此，最终控股企业所在地税务机关执行"支柱二"收入纳入规则时无法通过现有税收征管系统掌握上述数据，需要企业自愿补充披露。"支柱一"方案收入来源地规则的内容，包括"收入"的定义也尚未最终明确，这也可能需要企业就"收入"的确认披露更多信息。

目前，除国别报告数据外，跨国企业在集团层面尚未做好整合同一税收辖区数据的准备，如根据税收辖区制作合并财务报表。税务机关也缺少境外企业取得的每笔关联收款的成本费用数据，导致无法计算每笔款项的有效税率。因此，我国税务机关实际难以掌握境外企业在税收辖区层面或单笔所得的有效税率，进而无法对境内企业向境外支付的款项执行低税支付规则或应税规则。从测算情况看，应税规则的补税规模较小，但由于税务机关的征管互助手段和资源有限，有效执行需要企业和税务机关付出较大的资源和成本。

（四） 税收法律有待进一步调整

OECD 计划在未来一年内"支柱二"应税规则拟定税收协定范本条款

并开发多边工具推动税收协定的修订。同时，"支柱一"金额 A 的实施需要新多边公约的支持，而 2021 年版《联合国税收协定范本（2011）》新增了第 12B 条和注释，将自动化数字服务款项的征税权分配给来源国。因此，我国不仅需要对参考 OECD 税收协定范本的双边税收协定条款进行必要的修改，也要结合发展中国家的特点考虑协调联合国税收协定范本的实施。

OECD 包容性框架各成员并未被强制实施全球反税基侵蚀规则，但最低税制度的出台结束了长期以来全球企业所得税的"逐底竞争"。虽然我国企业所得税法定税率为 25%，但也存在免税、减计、所得减免、减免所得税额等种类繁多的所得税优惠。2021 年《企业所得税申报事项目录》列明的优惠政策即达 76 种之多。根据 2020 年国别报告数据，嘉兴市 6 个跨国企业集团在中国境内未经调整的有效税率均低于 15%，其中 4 个跨国企业集团低于 10%。我国的企业所得税优惠制度也面临清理、调整的迫切要求。

四、完善数字经济时代税收征管的路径及建议

随着 OECD "双支柱"方案取得新进展，国际税收征管的新变革即将揭开序幕。中国作为发展中国家大国，也是数字经济的生产大国与消费大国，应结合自身特点，充分做好制度和措施准备，以迎接税收征管的新挑战和新要求。

（一）深化国际税收治理合作

OECD "双支柱"方案尚有诸多实质性的细节未取得共识。虽然"双支柱"方案的初衷是应对数字经济的税收挑战，但最终其成为解决跨国企业避税问题的系统性方案。在方案最终落地前，我国税务机关应通过加强国际税收征管协作，获取、核实跨国企业在境外的纳税申报信息，加强对税基侵蚀问题的监控和打击力度，尽最大努力捍卫我国的税基安全。

同时，我国作为互联网企业大国，在国际多边规则未达成共识之前，中国企业"走出去"过程中仍可能受各国单边税收措施的影响。我国税务机关应及时追踪各国数字服务税等单边措施的变化，通过税收协定相互协

商程序帮助中国企业消除双重征税；同时，积极开展国际税收多边谈判，推动"双支柱"方案形成共识，争取符合我国税收经济发展利益的国际税收新规则。

（二）完善境外企业税务登记管理

由于数字经济的去实体化，原有的属地管理模式不断面临新的挑战。从 OECD"双支柱"方案看，在集团和税收辖区层面衡量企业的获利和税负水平是未来数字经济税收管理的一项重要内容。我国应尽早建立境外企业税务登记制度，要求境外企业在我国境内开展数字化服务或在线销售前必须办理税务登记，以全国统一的税务登记号作为开展交易的资格条件，为完整、准确展现境外企业在我国的整体经营情况提供基础性保障。

为保障境外企业税务登记制度的实施，一方面可以制定适当的配套奖励措施以提高境外企业主动登记的积极性，另一方面应加大对扣缴义务人应扣未扣行为的惩罚力度，促进对未进行税务登记的境外企业的管理。

（三）健全涉税信息披露制度

数字经济的虚拟化特点使以往的税收征管手段难以有效监管经济活动，但提供服务的中间平台却聚集了大量涉税信息。在税收征管法修订中，我国应明确规定各类提供在线销售、数字服务的纳税人和第三方支付、物流平台的信息披露义务，借鉴国际经验制定涉税信息披露的制度性、强制性要求，如欧盟《关于增值税共同制度的理事会指令 2006/112/EC》（《增值税指令》）第 369 条、《理事会实施条例（EU）No. 282/2011》（《增值税实施条例》）第 63c 条对交易信息披露的规定，细化税源信息的采集要求，提高信息采集的全面性和准确性。

此外，我国应制定接轨国际、全国统一的技术标准，为税收征管系统与纳税人、扣缴义务人财务系统对接提供技术参考，实现交易信息的及时采集、特定财务数据的定期抽取、税收数据的自动化填报，强化税务机关核查的可溯性。

（四）优化企业所得税法律制度

"十四五"规划提出"完善现代税收制度，健全地方税、直接税体系，优化税制结构，适当提高直接税比重"，这为企业所得税法与"双支柱"方案的更紧密衔接提供了有利契机。"支柱一"金额 A 的联结度规则相对我国现有的企业所得税法律规定有较大突破。因此，我国需结合OECD 将发布的"支柱一"国内立法范本和具体规则修订完善企业所得税法律法规，新增机构、场所类型，优化境外所得抵免方法，强化税收争议的预防和解决措施。

"支柱二"全球最低税的设计不仅可能抵消我国为减轻企业所得税税负所制定的优惠政策效应，而且意味着外资企业因享受我国税收优惠而减免的税款很可能被境外税务机关征收。因此，我国需要平衡好吸引外资和保护国家税收权益的关系，调整企业所得税税收优惠政策，强化税收优惠管理。具体而言，需要加强对各国税收政策的追踪，及时进行企业所得税税率调整，优化现有国内税收优惠政策，减少未纳入"支柱二"税基永久性和临时性差异调整项目的优惠政策数量或优惠力度，实行分行业或分规模的所得税减免政策，将企业有效税率维持在全球最低税率上下的合理水平。

（五）简化数字经济税收规则和管理

OECD"双支柱"方案为实现"利润在价值创造地征税"的理念提出了一系列的新概念和新规则，这些规则均对纳税人遵从和税务机关的管理带来了巨大的挑战。鉴于此，"双支柱"方案也考虑简化税务遵从流程（包括申报义务），允许跨国企业通过单一实体管理整个流程。我国在参与国际税收规则制定和修改国内税法时，应充分考虑我国纳税人和税务机关的执行成本，制定安全港规则等行之有效的税收规则和管理措施，提高征管效率、降低遵从成本。

同时，OECD"双支柱"方案对跨国企业利润计算和税款分配提出了更高的要求，征管信息化是税收治理的另一个重要内容。建议借鉴欧盟的一站式申报服务（One Stop Shop）和美国 SSUTA 机制的一站式在线登记系统（Streamlined Sales Tax Registration System），尽早与市场监督管理部门共同建立包括税务登记、纳税申报和税款缴纳三大功能的"一站式"平台，在实现境外企业"一次登记、一次申报、一次缴税"的同时，提高我国税务机关掌握跨国企业从我国境内取得收入、用户数量等核心数据的能力和效率，实现在税收辖区层面准确计算有效税率，为全面执行"双支柱"方案做好技术准备。

参考文献

［1］国家税务总局办公厅．G20/OECD 包容性框架 136 个辖区就应对经济数字化税收挑战"双支柱"方案达成共识［EB/OL］．［2021－10－09］．http：//www. chinatax. gov. cn/chinatax/n810219/n810724/c5169582/content. html.

［2］德勤．OECD 就应对数字经济带来的税收挑战发布蓝图报告：支柱一之详细解读［EB/OL］．［2021－10－09］．https：//mp. weixin. qq. com/s/nyLFQlziD8QSb4a22x5wkg.

［3］德勤．OECD 就应对数字经济带来的税收挑战发布蓝图报告：支柱二之详细解读［EB/OL］．［2021－10－09］．https：//mp. weixin. qq. com/s/Vv0ls5yddVp2vdyffH_COQ.

［4］普华永道．解读 136 个国家和地区、税收管辖区关于应对经济数字化税收挑战双支柱方案的最新声明［EB/OL］．［2021－10－17］．https：//mp. weixin. qq. com/s/xUkWtQcJhsFQrbsjmM－N4Q.

［5］高金平．OECD"双支柱"改革方案之国内应对［J］．国际税收，2020（12）：32－36.

区域"双碳"协同机制建立的难点与对策

蔡 丞[*]

摘要 2020 年 9 月，中国明确提出 2030 年"碳达峰"与 2060 年"碳中和"的"双碳"目标。本文首先从能源生产和消费的区域不平衡、碳排放的外溢性等角度探讨了区域协同机制的必要性，其次从国土空间规划治理、环境监测与生态补偿、产业迁移与创新的协同角度，提出了"双碳"目标的区域协同机制政策建议。

关键词 "双碳"；"碳达峰"；"碳中和"；区域协同

一、引言

2020 年 9 月，中国明确提出 2030 年"碳达峰"与 2060 年"碳中和"的"双碳"目标。"双碳"是破解我国下一个发展阶段资源与环境约束的重要路径，在我国"富煤、贫油、少气"资源禀赋的基础上，充分认识当前不同地区之间在产业结构、资源禀赋之间的巨大差异，平衡和处理好短期和长期的关系、整体和局部的关系、经济和环境的关系，形成一套区域之间成本共担、利益共享机制，是当下极为重要的课题。

---

* 作者简介：蔡丞，浙江财经大学东方学院讲师。

二、当前建立我国"双碳"区域协同机制存在的必要性

（一）能源生产和消费结构的区域不平衡

1. 我国能源生产地和消费地存在长期严重的空间错配

根据《中国能源统计年鉴》发布的数据显示，我国能源的主要消费地是经济发达的东部沿海地区，能源的生产地则主要分布在经济相对欠发达的中西部地区。2019年华东地区发电量约占全国总量的29.7%，用电量则达到34.6%，将近全国5个百分点的缺口。需要"西电东送""西气东输"工程，将西部地区的电力、气体等能源运送至东部沿海经济发达地区。"西电东送""西气东输"等工程在缓解东部地区用能困难的同时，也存在跨区域能源输送的耗损及物流成本过高等问题。

2. "双碳"治理能力和责任的错位

能源生产地与消费地长期空间背离的结果，是双碳治理能力和责任的错位。碳排放存在非常强的负外部性，而生产和消费地的空间错配，导致区域间碳排放的转移，更加剧了治理的空间协同难度。正是因为存在碳排放的空间转移，东部等发达地区在拥有强大经济实力的同时，还在"碳中和"赛跑中领先于其他地区。在"十三五"期间，我国蓝天、碧水、净土三大保卫战成效显著。这些消费地区的末端治理措施空间越来越小，边际成本也越来越高。在生产地，如何在平衡煤炭等资源禀赋与可再生能源转型这一关键举措，任务艰巨。

3. "双碳"技术与资源在供需地区上背离

无论是生产还是消费的"双碳"转型，关键都在于技术创新与应用，然而绿色资源与技术在供给和需求的地区分布背离上也与能源背离高度一致。从绿色资源来看，当前可再生能源以水力资源为主，而水力资源又主要分布在西南地区。新能源资源也主要分布在西部地区，其中西部地区拥

有全国78%的风能资源技术开发量和88.4%的光伏资源技术开发量[①]，而绿色技术则主要集中在少数发达城市。

（二）碳排放的外溢性加剧了区域间协同治理难度

1. 欠发达地区生态更脆弱受影响更大

部分经济欠发达地区，所拥有的独特自然生态资源，对于碳排放的敏感性更强。据观测数据显示，过去60年间（1961~2020年），青藏高原是我国气温上升最快的区域。由于独特的地理环境，青藏高原是全球气候变化的敏感区和预警区。气候变化导致青藏高原积雪减少、冰川退缩，对中国、印度和其他南亚国家供水产生影响，甚至影响了整个周边生态系统。

2. 区域协同监测和治理体系尚未建立

面对碳排放的外溢性，最大的治理难度在于协调区域之间、部门管理之间的管理。碳减排和大气治污的末端治理手段不同，但源头治理高度一致、协同性很强。实现 "双碳" 目标和打赢蓝天保卫战，末端治理有一定作用，但根本着力点在于源头治理。一是节能提效，二是大力推进能源的清洁化、低碳化。就区域而言，尽管目前已经有部分地区如京津冀，正在研究环境信息的共享共治，联动监管，但如何在更大范围内实现区域之间的监测预测联动精细化、常态化管控，站在城市群甚至某一流域总体考虑，还有待进一步探索和提升。

3. 中间品的碳排放转移效应有待重视

在经济发展过程中，已经形成了地区之间的产业分工与协作，原材料—中间品—产成品的碳排放随着生产过程分布在不同地区。据相关测算显示，在北京地区的中间产品投入中，有45%来自于其他地区，而这些来自于其他地区的中间投入品占到了北京总产出的29%。这种区域之间的分工与协作产生了大量的区域间碳排放转移。因为各种产品和服务的提供都需要消耗原材料、中间材料以及能源等。作为消费地而言，购入产品及服务的同时，也把相应的碳排放转移到了其他地区。中国巨大的区域间贸易使中间产品的碳排放转移效应不容忽视。据张友国和白羽洁（2022）计

[①] 韦福雷. 论 "双碳" 下高耗能产业向西部地区的转移 [J]. 开放导报, 2021 (5)：21-27.

算，这种区域间贸易所形成的碳排放转移加剧了生产地和消费地"双碳"责任的错配，具体而言，浙江、上海、北京等地区的碳消费责任要比其作为生产地要高 60%～190%。

（三）产业转移进一步突出了制度协同的迫切性

1. 产业转移的过程加剧了"双碳"压力

产业在地区间转移的趋势是高排放企业由经济发达地区向欠发达地区转移，即高碳排放、高污染产业向内陆地区转移，这就进一步加大了双碳压力。从我国的能源消费和生产错配出发，产业转移似乎是实现需求就地供给，减少距离损耗的最佳路径。随着我国沿海发达地区人力资本的上升和环保规制力度的加强，高排放的传统化工、能源、钢铁、有色产业出现了"由东向西"的迁移趋势。然而，中西部地区作为能源资源富集地区和生态环境脆弱地区，其产业结构长期偏重于基础工业和高碳产业，本就存在较大的能耗"双控"压力，加之东部地区资源消耗型的产业逐步向西部地区转移，西部地区和东北地区在经济发展的同时，工业绿色发展和结构转型升级的动力也被削弱，"双碳"目标实现压力却进一步增大。

2. 营商环境、产业配套体系存在较大差距限制了产业、技术的绿色转型

在产业转移的过程中，以市场化水平、政府服务意识、法律政策环境等构成的营商环境对于遏制高碳排放、绿色技术引进非常重要。双碳是整个能产和消费的转型升级，是全产业链的系统工程，其对基础设施、产业生态配套、金融体系等都提出了更高的要求。

三、建立我国"双碳"区域协同机制的对策建议

（一）建立国土空间规划治理的全域双碳协同补偿机制

1. 建立全域碳减排协同机制

对各个地区的碳强度下降潜力进行科学的评价，东部沿海经济发达地

区在使用中西部地区提供能源的同时，需要从技术和资本上承担更多的“碳中和”责任。这就需要在双碳治理的国土空间规划上，加强东部经济发达地区对中西部地区的转移支付力度。低碳的消费地，在增强低碳消费的同时，更多地聚焦于低碳生产技术，实现生产和消费、技术和资源的有机结合，实现双碳能力和责任的匹配。中央、地方和社会资本合作设立双碳基金，以更大范围的双碳政府债券，支持双碳领域。

2. 设计区域间长效减碳补偿机制

对于区域协同减排压力较大一方产生的经济利益受损，设立补偿机制。一方面，参照各个地区在减排成本中的贡献比重进行分配。另一方面，若上一年的补偿机制不合理或者不够科学，某地区承担了较大的碳减排任务因而经济遭受损失，那么，在下一年的碳配额分配中，经济受损区域的碳排放权应给予更多。同时，建议向在协同减排中承担较大减排压力的地区征收比正常水平低的碳税，对其进行一定程度的补偿。

3. 优化“双碳”金融体系的支撑机制

加强金融体系协同，推动功能性金融机构在更大区域内优化布局。引进多元化的“双碳”投资主体，同时加快产业配套体系建设，加大双碳金融的支持力度，协调地区间金融支持体系，提升金融体系对双碳发展的支撑能力。一方面，进一步扩大绿色信贷规模，促进更大总量的绿色低碳项目投资；另一方面，建立全国性的“双碳”金融市场，推进技术输出地向应用地的对接转化，进一步推进区域之间的金融市场合作。

（二）推进环境监测及污染治理补偿的区域协同

建立跨区域、跨部门的双碳联动机制，实现信息资源在各区域、各部门的充分流动与共享。各方共同参与政策目标、内容的制定，共同出资以流域、地区为单位设立流域保护治理基金、统筹规划“双碳”措施。

1. 加快“双碳”技术的区域协同

加大西部地区能源革命力度，以绿色技术促进传统能源减排降碳，加快清洁能源产业跨越式发展。一方面，需要依托西部地区丰富的煤炭资源，加快推进传统能源清洁高效利用，从梯级利用、清洁生产、循环再生的角度出发，依靠绿色技术降低碳排放、提高能源使用效率。另一方面，要加快新能源开发，积极探索"风光火储一体化""源网荷储一体化"发展路径，逐步形成多能互补、综合利用、集约高效的能源利用体系，促进碳排放总量和强度在低值达峰，并且能够较为快速地进入下行通道。

2. 构建流域、城市群之间的监测约束协同

构建以流域、城市群为单位的能源与产业协同发展的空间格局体系，要依托国家区域重大战略和"两横三纵"城镇化战略格局，推动国家级城市群和区域培育发展的重点城市群内部城市和城市群之间形成适合现有能源禀赋的产业错位竞争发展格局。一方面，鼓励每一个城市群形成多个能够达到国际、国内先进水平的龙头产业集群，形成区域增长极。另一方面，需要加大不同城市群之间的协同创新，促进减排降碳出现空间联动效应，以集约空间形态，不断促进能源转型与产业升级的协同发展。

3. 构建地区间中间品碳排放的平衡机制

区域之间协同推进产业结构的低碳升级，区域之间开展协作，从产业链的角度推动"双碳"的整体性发展。例如，下游发达地区对上游的原材料与中间品设置碳排放标准，形成价格倒逼机制，推动上游的低碳转型。同时，通过碳排放交易市场的不断探索和完善，应用市场手段实现降碳与经济发展的平衡。

（三）引导产业迁移与创新升级的梯度协同

1. 统一行业约束标准推进产业"双碳"转型

以行业为单位进行减碳约束，促进转移产业减排降碳。以地区为单位的碳考核指标，会使淘汰的企业转移到欠发达地区重起炉灶，并且容易造成地区间的产业趋同、恶性竞争。因此，在双碳转型上，财政在激励和约束手段上可以采用行业控制为主、地方控制为辅的办法。例如，采用以行业能源效率标准提供财政补贴、金融支持，削弱区域间政策套利空间。

2. 推进制造业与服务业协同转型

推进工业与生产性服务业协同转移，建议国家层面建立重大项目区域会商、联合审查机制，统筹区域重化工行业产能分配、统筹规划项目布局，实现污染影响"区域最优"。从顶层设计层面，确定区域产业结构、产能规模、产业布局、能耗总量、能源结构、水资源分配等；研究制定京津冀区域生态环境保护中长期战略专项规划。鼓励中西部地区和东北地区依据自身的自然资源禀赋优势在"双碳"目标约束下，积极吸引满足环保、能效的东部工业企业迁移，特别要注意产业迁移的整体性，努力实现产业配套的服务业企业，如信息技术、金融科技、节能环保等产业同步迁移。以新兴生产性服务业与现代化工业的同步迁移，促进迁入地经济低碳、绿色、高质量协同发展，如我国数据中心用电量占比已经达到2%左右，并且仍在快速增长。西部地区以"东数西算"为契机，依托新能源优势打造数据中心，并逐步承接数据后台加工、分析、存储备份等产业环节的转移，打造全国数字经济的重要基地。

3. 建设全国统一大市场，以点带面快速提升营商环境

以合作园区、飞地产业园等学习东部发达地区经验，结合西部地区的实际情况，以新能源开发利用为契机，以产业规模化转移为核心，加强东、西部地区的协同联动。以统一大市场为契机，完善法治环境，规范政府行为，保障投资者权益，全面提升营商环境，为推进更大范围、更大规模的产业转移营造良好的软环境。积极探索建设零碳产业园，"以产业低碳化、低碳产业化为方向，以能源清洁低碳转型为核心，以科技创新应用为支撑"，建立统一的财政支持制度体系、规范园区标准。加大低碳技术的研发与应用，支持低碳、零碳、负碳技术创新发展，强化相关技术转化与产业孵化，打破跨领域技术在园区推广应用的壁垒。通过建筑节能、地源热泵、分布式清洁能源、氢能、智慧能源管理系统等技术的集成应用，可以大幅减少园区能源供应相关的碳排放，降低能源消耗总量，同时通过人工"增汇"工作增强生态碳汇。可开展项目市场化投融资，为低碳技术研发及设备生产企业提供资金支持和适当的政策性补贴。

参考文献

［1］张友国，白羽洁. 区域协同低碳发展的基础与路径［J］. 中国经济学人（英文版），2022，17（2）：69-92.

［2］韦福雷. 论"双碳"下高耗能产业向西部地区的转移［J］. 开放导报，2021（5）：21-27.

［3］荆春宁，高力，马佳鹏，等．"碳达峰、碳中和"背景下能源发展趋势与核能定位研判［J］．核科学与工程，2022，42（1）：1-9.

［4］李桃．我国碳税政策设计与实施的国际经验借鉴［J］．税务研究，2022（5）：86-90.

［5］李俊峰，李广．碳中和：中国发展转型的机遇与挑战［J］．环境与可持续发展，2021，46（1）：50-57.

［6］胡鞍钢．中国实现 2030 年前碳达峰目标及主要途径［J］．北京工业大学学报（社会科学版），2021，21（3）：1-15.

［7］钟茂初，赵天爽．双碳目标视角下的碳生产率与产业结构调整［J］．南开学报（哲学社会科学版），2021（5）：97-109.

［8］刘江，何裕捷．探究"双碳"目标实现的政策协同路径［N］．中国社会科学报，2022-05-11（007）.

共同富裕视域下促进浙江省长期护理保险照护服务高质量供给的政策研究

刘央央*

摘要 探索建立长期护理保险（简称"长护险"）制度框架是我国"十四五"时期的重要任务，也是浙江省作为共同富裕示范区的重要任务。通过对部分试点地区调研，浙江省长期护理保险照护服务供给存在相关部门职能定位不清，服务协同意识不强；失能等级评定人员不足，服务效率相对较低；照护服务专业技术人员缺乏，服务质量达标程度低；监管体系不健全，服务质量改善程度低等问题。应从深化统筹协同，建立多部门联动机制促进长护险照护服务的顺利开展；夯实制度基础，优化长护险照护服务供给政策；强化政策引导，激励服务机构提高照护服务质量；重视数字引领，构建长护险照护服务的全过程监管体系等方面来促进浙江省长期护理保险照护服务高质量供给。

关键词 共同富裕；长期护理保险；照护服务；高质量供给

习近平总书记主持召开中央政治局会议时强调，"十四五"时期要"探索建立长期护理保险制度框架"。《中共中央 国务院关于加强新时代老龄工作的意见》明确提出将完善老人健康支撑体系作为重点任务。根据《老年医疗护理服务试点工作方案》，浙江省从 2022 年起开展老年医疗护理试点。目前，省内各试点市县长期护理保险（简称"长护险"）基本制度框架已经形成，但失能老人的健康能否得到有效保障，关键在于长护险照护服务的供给水平。本文通过调研部分试点市县，对照完善老人健康支撑体系和探索长期护理保险制度框架的要求，分析了服务供给面临的突

---

* 作者简介：刘央央（1982—），女，浙江省温州人，浙江财经大学东方学院讲师，研究方向：社会保障理论与政策。

出问题，提出推动如何高质量供给的对策建议。

一、当前浙江省长护险照护服务供给存在的问题

从全国层面来看，浙江省长护险发展尚未达到较高水平，面对如何进一步满足失能老人对美好生活的追求、契合共同富裕示范区建设的要求，还存在一定差距，集中表现在以下四个方面：

（一）相关部门职能定位不清，服务协同意识不强

医保部门是长护险主管统筹单位，长护险照护服务的高质量供给，需要医保、民政、卫健、残联、民政、银保监会、经办保险公司、养老服务机构等多部门、多主体发挥合力，但由于各部门在长护险照护服务供给中的职责定位不清晰，缺乏统筹协同机制，部门间容易出现协商低效、业务拖延等问题，不利于提高失能老人评定效率和护理服务质量。比如，部分试点市县的医保部门既是长护险政府购买资金的出口，又要承担服务质量监管，而失能老人评定专家由卫健部门派出，护理服务则由民政部门管理下的养老服务机构来承担。因此，医保部门在推进对失能老人的评定效率工作中，需要与民政部门、卫健部门等开展部门间协调，在推进护理服务优化过程中也需要与民政部门做好协调工作，但横向同级部门之间自身工作重点任务存在差异，难以快速响应医保部门的相关要求，影响长护险护理服务效率的提升。

在实地访谈中发现，不少部门认为与经办机构之间难以形成有效衔接。政府各部门负责制度制定与过程监管，经办机构承接主要经办工作，其经办能力直接影响长护险照护服务供给的效率。但由于长护险服务对保险公司的专业服务能力、项目投标管理、经营风险管控、经营管理能力、信息系统建设能力、护理机构管理提出了较高要求，而保险公司投入相对不足，经办水平与效率通常难以达到制度目标，尤其是县级保险公司在经办过程中的服务效率明显较低。

（二）失能等级评定人员不足，服务效率相对较低

长护险评定工作是照护服务供给的第一个关口，决定着失能人员能否

获得服务。浙江省长护险试点地区的评定服务由经办机构（商业保险公司）主办、县域医共体医生为评定专家，经办机构获得评定结果之后，再上报医保局进行公示，但医共体医生均为兼职评定人员，往往本职工作繁忙，无法及时参与评定工作。通常的做法是等某个区域累计多个申请之后再进行统一评定，大大拖长了评定周期，且各地承诺周期不统一。宁波市为 13 个工作日，嘉兴市为 15 个工作日，温州市为 30 个工作日。在失能人员的评定工作中，这一现象已成为长护险护理服务中被诟病的核心问题之一。

（三）照护服务专业技术人员缺乏，服务质量达标程度低

当前浙江省长护险护理对象为重度失能人员，《长期护理保险护理服务供给规范（征求意见稿）》显示，长护险护理服务为老年人提供生活护理+医疗护理共 73 项服务，但在实际服务供给过程中，以居家护理服务为例，主要提供生活护理、康复理疗与防止褥疮服务，囿于专业技术人员的缺乏并未提供有针对性的照护服务项目。相对于国内部分试点城市，服务质量达标程度较低，如青岛市长护险政策为失能老人提供了急性期之后的健康管理和维持性治疗、长期护理、生活照料、功能维护（康复训练）、安宁疗护、临终关怀、精神慰藉等基本照护服务。可见，浙江省长护险护理服务范围仍较为狭窄，未考虑服务对象的差异性，尤其是随着未来中度失能人员被纳入服务范围，现有照护服务项目将更加难以满足需求。

（四）监管体系不健全，服务质量改善程度低

健全的监管体系是保障长护险护理服务质量的重要基础，各试点市县的服务经验显示，目前浙江省长护险照护服务的监管体系有待完善。第一，缺乏监督评定专家的有效手段，评定专家主要由医护人员组成，其主管单位为卫健部门，医保部门与保险公司对其并无直接的监督管理权限；第二，长护险照护服务过程缺乏监管，护理服务尤其是居家护理过程中，受服务场所限制与个人隐私保护，无法安装有效的监控设备对护理过程实施监控；第三，服务效果缺乏反馈机制，目前部分地区虽开展巡查回访等活动，如进行个人满意度调查，但由于长护险护理服务基本不需个人付费，满意度通常都非常高，反映不了实际问题，且并无阶段性的服务效果

评价调查，对护理服务实施效果无从得知，影响服务质量提升。

二、扎实推进浙江省长护险照护服务高质量供给的建议

面对浙江省老龄化社会发展新需求，聚焦高质量发展促进共同富裕的核心目标，长护险照护服务供给应注重部门协同、加强制度建设，形成失能评定专业化、护理等级精细化、过程监管数字化的良性发展路径，完善老年人健康支撑体系，为"浙江示范"提供有效支撑。

（一）深化统筹协同，建立多部门联动机制促进长护险照护服务的顺利开展

长护险照护服务通常涉及多个政府部门和社会组织，要发挥长护险照护服务在改善失能失智老人健康水平上的优势，亟须构建多部门联动工作机制。为此建议：一是完善政府主导、部门负责、社会参与的服务工作机制，强化部门齐抓共管、协调联动，形成共同推进长护险照护服务高质量供给的合力。二是促进部门间的信息共享、资源共享，推动多部门共享共管模式的形成。三是整体规划长护险照护服务，避免部门之间出现服务供给重叠或过程监管漏洞。四是优化考核评价机制，将长护险照护服务与健康浙江、乡村振兴等评价机制有机结合，推动重点工作、重要项目落地落实。

（二）夯实制度基础，优化长护险照护服务供给政策

长护险照护服务的高质量供给，需结合经济社会发展的实际不断优化政策。为此建议：一是完善长护险照护服务对象认定。重点是在现有重度失能人员基础上向特定中度失能人员及失智人员扩展。二是建立多主体参与的长护险照护服务评估。重点是逐步引入有经验的第三方公司作为评估主体，但需注明参与评估的机构不能同时提供护理服务。三是开展一户一方案的个性化护理服务。根据不同主体需求与情况提供差异化服务，比如家中有人能照顾老人基本生活的，以提供医疗服务为主，特别是在后续引入中度失能人员、规模增加的情况下，根据实际情况分类提供服务才能切

实发挥其作用。

（三）强化政策引导，激励服务机构提高照护服务质量

长护险照护服务的高质量供给，需要加强经办保险公司的规范运营。为此建议：一是向国家保监会申请获得对地方经办保险公司更大的监管权限，并加强对各经办机构的监督与管理，开展风险与合规评估。二是强化服务购买方省医疗保障局的政府购买服务评估，形成全省统一的长护险经办服务政府购买评估指标体系，包括过程性指标和结果性指标。三是委托第三方评估全省市县保险公司经办长护险业务的管理能力，将评估结果与保险公司社会声誉结合，倒逼保险公司改进服务流程、改善管理机制、改革系统规范，提供完善的经办服务。四是将各保险经办机构评估结果进行省内评比，评估结果作为保险公司上市公司社会声誉的主要构成，激发保险公司做好经办业务的内在动力。

（四）重视数字引领，构建长护险照护服务的全过程监管体系

长护险照护服务高质量供给，数字化的全过程监管是重要保障。为此建议：一是开发数字化长护险照护服务平台。建立"三个三"的监管体系，即事前三向认证。二是构建面向服务机构、服务人员、服务对象的评估监管体系，线上实时评估与线下评估有机结合，实现评估申请、评估过程与评估结果的全程数字化管理。三是引入事中三向监测。建议采用先进的监控设备对服务过程进行监控，如热成像+声纹医护工作记录仪、一键报警通达、平台后台实时监控三步骤监测，实现服务过程在线监管。四是强化事后三向评价。构建多主体评价机制，形成用户评价、机构评价、飞检评价三位一体的评价，支持主管部门、家属对服务行为的动态监管，做到服务过程影像、声纹记录的完整存储。同时，细化用户事后评估指标体系，增加阶段性服务效果评估，确保评定认证精准、安全响应及时、考核评价客观、纠纷投诉可追溯，实现线上线下一体的全过程监管。

参考文献

［1］高旭瑶，乐章．我国长期护理保险对中老年人医疗费用支出的影响研究：基于中国健康与养老追踪调查数据［J］．新疆农垦经济，2022

（2）：9.

［2］李运华，姜腊．地方长期护理保险试点政策分析：基于政策工具视角［J］．云南民族大学学报（哲学社会科学版），2022，39（1）：12.

［3］孙洁．健全完善长期护理保险制度［J］．中国医疗保险，2022（3）：2.

共同富裕背景下进一步促进长期护理保险服务品质化研究

吴华萍*

摘要 长期护理保险制度是积极应对人口老龄化和促进共同富裕社会建设的重要举措。如何破解长期护理保险制度实施过程中存在的评定周期长、服务质量监管难、护理人员紧缺等问题，海宁市在试点实施过程中做了一些积极有益探索。下一步将继续重点在"办"上下功夫，把牢申请"准入关"；在"管"上出实招，把住服务"品质关"；在"提"上做文章，把好护理"专业关"。

关键词 长期护理保险；服务；品质化；专业化

海宁市自 2018 年实施长期护理保险制度试点以来，截至 2022 年 7 月，全市享受长期护理险待遇人员已达 5158 名，资金支出 7035.34 万元，护理服务满意率达到 99%，长期护理保险制度已经深入人心。

"一人失能，全家失衡"是失能家庭的真实写照。现实生活中失能人员以老年人居多，如何快速办理待遇资格申请手续是其中一个痛点；由于服务对象以居家为多，如海宁市占比达到 89%，由此造成评定周期长、服务质量监管难成为一个堵点；另外，护理人员年龄结构大、文化层次低，业务技能培训就成了一个难点。对此，海宁市要坚持把好长期护理保险申请准入、服务品质、护理专业"三道关"，着力提高长期护理保险服务质量，守好失能困难群体民生底线。

---

* 作者简介：吴华萍（1972—），浙江省海宁人，海宁市医疗保障局，研究方向为长期护理保险政策实践。

一、在"办"上下功夫，把牢申请"准入关"

一是申请登记"家门口办"。建立市、镇、村三级网络联动机制，形成以市级长期护理险经办机构为主，各镇（街道）、村（社区）协同办公的多级政务服务模式。以村（社区）为服务站点，形成长期护理险服务"一公里服务圈"，帮助参保人员在"家门口"完成申请登记，做好与定点服务机构之间的双向选择。目前，已有 113 名参保人员在村（社区）完成长期护理险申请登记。二是申请评估"零跑次办"。实现初筛（依托定点服务机构上门完成申请材料收集与人员状况初筛）—评估（评估人员现场进行评估信息采集与上传）全程"不出家门一步、服务送入家门"工作模式，实现失能人员及家属"一次不用跑"。目前已有 3989 名申请人在家中完成长期护理险申请与评定。三是申请初筛"高水准办"。各定点服务机构负责人严格按照考核标准，做好失能人员初筛。目前，提供"长期 24 小时连续护理"服务的机构初筛一致率在 96.92%，提供"定期上门居家护理"服务的机构初筛一致率在 94.10%，走在嘉兴前列。高水准初筛提升了专家库成员后续评估效率，也帮助提交申请的参保人员及早享受到长期护理保险待遇。

二、在"管"上出实招，把住服务"品质关"

一是依规严管与信用促管并重。出台《长期护理保险失能等级评定办法》《长期护理保险定点服务机构协议管理办法》，实行"依规严管"。同时，在嘉兴范围内首创长期护理保险基金结算支付协议制度，与《长期护理保险定点服务机构协议管理办法》相整合，明确定点服务机构在居家护理服务时长、资金结算方法、机构违约责任等方面内容。通过协议签订强化机构信用管理体系，并引入商保机构等第三方监管力量针对协议内容开展考核，累计完成电话回访 20675 人次，实地巡查 10462 人次，推进"信用监管"。二是智能协管与社会督管并行。依托嘉兴统一的监管平台，专人专岗负责线上监管，每日对居家上门护理中的服务时长、人员定位等问题在线跟进，发现解决居家上门护理问题 1673 个，以"互联网+监管"模式做好智能协管。依托市、镇、村三级网络联动机制，进一步突出社会督管。村（社区）网格员每月对所在辖区居家上门护理对象进行监督走访。通过线上信息交流平台，已处理反馈信息 25477 条，解决长期失能人员问题 55 例。三是行业自管与部门联管并举。组建长期护理险居家服务监管领导小组与工作小组，同时由主管部门联合行业协会、各定点服务机构，出台居家上门护理实施方案与考核量表。小组成员依托监管系统 GPS 定位技术，以双随机方式对护理全过程"飞检"，有效加强行业自管力度。同时，市医保局联合市民政局，互联互动形成日常检查和专项检查的"部门联管"。每季度开展"4H"考核，让长期护理险参保人享受住院般的专业护理。此外，还通过每年对长期护理保险资金落实情况开展专项检查，确保落实及时率、准确率两个百分百。

三、在"提"上做文章，把好护理"专业关"

一是专业培训能力提高。与海宁市老年护理服务人才培训基地合作，针对长护险 27 项服务项目开展护理业务培训。目前，参加培训的护理员累计近 2000 人次。根据理论与实操的考核结果，经办机构对未通过者取消其开展长期护理保险护理服务的资格。对护理人员服务的专业性做好严格把关，为享受长期护理保险待遇人员保驾护航。二是风采展示服务提质。聚焦优秀护理人员护理风采，每期在专门建立的微信公众号上展示 3 名优秀护理员，目前已发布 6 期。又通过不同方式树立 6 家长期护理险单位、5 名"最美护理员"为"行业标杆"，通过标杆引领，推动全市护理专业水平迈向新高度。三是座谈交流工作提效。长期护理保险居家上门服务"飞检"结束后，居家服务监管工作小组即刻开展座谈会议，及时总结检查中发现的护理问题及特色亮点，实现互促提高。目前，已开展 5 次总结座谈，助推机构有针对性开展护理培训，进一步形成全市各家机构间加强交流、补齐短板的良好氛围。

参考文献

［1］张智慧，苏熠慧．男性养老护理员的情绪劳动与性别气质展演：以上海"长期护理保险"的社区居家照护为例［J］．妇女研究论丛，2022（2）：13.

［2］孟佳娃，胡静波．长期护理保险待遇给付问题研究［J］．人民论坛，2022（7）：3.

［3］曹宜璠，王常颖，谢春艳，等．上海市长期护理保险服务项目开展现况调查［J］．中国卫生资源，2022，25（1）：6.

海宁市上市公司盈利能力分析及
对地方经济的影响研究

朱育维　车　晴*

摘要　盈利能力是衡量企业经营状况的重要指标。本文基于杜邦分析体系，以权益净利率为核心指标，对海宁市上市公司的盈利能力进行分析，并将其可能对地方经济产生的影响进行讨论。本文选取海宁市 10 家上市公司进行研究分析，其中六成企业平均权益净利率不足 10%。受到 2020 年新冠肺炎疫情影响，七成企业的权益净利率出现下降，仅浙江美大、芯能科技和天通股份的盈利能力在上升。总体而言，浙江美大的盈利能力最为稳健，而钱江生化、兄弟科技的权益净利率波动较大，利润总额低于行业平均水平，需加以关注。

关键词　上市公司；盈利能力；地方经济

一、引言

企业盈利能力指的是企业利用资源开展经济活动获取收益的能力。企业的盈利能力不仅取决于企业的销售能力，还与企业的营运水平、经营效率和偿债能力息息相关。对企业盈利能力进行分析，不仅能发现企业经营过程中存在的问题，帮助企业改善经营状况；还能给股东等利益相关者的经济决策提供参考。同时，作为市场经济中的主体，企业的盈利能力不仅会通过利润影响企业所得税，进而影响地方政府税收收入；而且会通过就业岗位影响地方的就业水平以及经济发展。

---

　*　作者简介：朱育维、车晴，国家税务总局海宁市税务局。

对于盈利能力的分析，主要基于企业的财务报表，通过各个科目之间的关系，构建盈利能力指标。杜邦分析体系是常用的分析企业财务状况的工具。本文基于杜邦分析体系，以权益净利率为核心指标，选取海宁市 10 家上市公司的盈利能力进行分析，并将其可能对地方经济产生的影响进行了讨论。

二、相关理论与背景介绍

（一）杜邦分析体系概述

杜邦分析体系是通过主要的财务比率之间的内在联系，分析评价企业的财务状况以及经营成果。该体系以权益净利率为核心，向下分解，从盈利能力、营运能力以及偿债能力三方面反映企业的财务状况。除了企业的销售能力，企业的盈利能力同样也受到其营运能力、偿债能力的影响。本文选用杜邦分析体系来分析海宁市上市公司的盈利能力，并以其分解指标销售净利率、总资产周转率和权益乘数，分析权益净利率变化的原因。

（二）海宁市上市公司概览

1997 年 4 月 8 日，钱江生化在上海证券交易所挂牌上市，成为海宁市第一家上市公司。之后陆续有企业成功上市，截至 2020 年底，海宁市上市公司累计达 17 家，其中上交所主板上市 5 家，深交所中小板上市 6 家，深交所创业板上市 1 家，香港联交所主板上市 4 家，纽交所主板上市 1 家。为方便纵向分析，本文选取了 10 家于 2018 年以前在 A 股上市的企业。这 10 家上市公司分布于不同的行业领域，具体情况如表 1 和表 2 所示。可以看到，海宁市的上市公司以制造业为主，涵盖化学制品、计算机、通信、纺织、服饰、医药、电器机械、材料等多个领域，仅一家海宁皮城属于商务服务业。每家企业的注册资本均在亿元水平，其中海利得、海宁皮城的注册资本在 10 亿元以上。

表1 海宁市上市公司基本情况　　　单位：万元，人

证券代码	证券简称	成立年份	上市年份	注册资本	总资产	员工人数
002144	宏达高科	1997	2007	17676	194778	560
002206	海利得	2001	2008	122303	587352	2838
002344	海宁皮城	1999	2010	128275	1105169	1242
002562	兄弟科技	2001	2011	90203	535844	2647
002677	浙江美大	2001	2012	64605	217853	1150
600330	天通股份	1992	2001	99657	750372	5039
600796	钱江生化	1993	1997	30140	116036	545
603105	芯能科技	2008	2018	50000	279689	312
603685	晨丰科技	2001	2017	16900	177332	1572
603839	安正时尚	2008	2017	40010	472930	4790

表2 海宁市上市公司2020年利润总额与行业平均利润

单位：万元

所属行业	企业名称	企业利润总额	行业平均利润
电气机械和器材制造业	芯能科技	8985	1568
	晨丰科技	12198	1568
	浙江美大	63406	1568
化学原料和化学制品制造业	钱江生化	1223	1960
计算机、通信和其他电子设备制造业	天通股份	42954	3052
纺织业	宏达高科	7250	603
化学纤维制造业	海利得	29871	1381
医药制造业	兄弟科技	4120	4575
纺织服装、服饰业	安正时尚	32711	482

　　表2是海宁市上市公司的利润水平与各行业平均利润的对比，可以看到大部分企业的利润都高于行业平均水平，但是钱江生化和兄弟科技的利润低于行业平均水平，这表明这两家企业的盈利水平相对较低，需要加以关注。表3是2019~2020年海宁市上市公司的主要财务数据，包括营业收入和净利润。相比2019年，企业的营业收入没有出现大规模下降，但受新冠肺炎疫情影响，七成企业的净利润有所下降。

表3 2019~2020年海宁市上市公司主要财务数据   单位：万元

证券代码	证券简称	营业收入		净利润	
		2019年	2020年	2019年	2020年
002144	宏达高科	54332	46168	8056	6486
002206	海利得	401363	351256	33035	25469
002344	海宁皮城	141264	142512	26892	19047
002562	兄弟科技	125772	191879	4383	2803
002677	浙江美大	168448	177082	46001	54356
600330	天通股份	277994	315578	16767	38625
600796	钱江生化	38029	42959	2657	810
603105	芯能科技	38710	42675	4212	8089
603685	晨丰科技	111700	117281	12428	10988
603839	安正时尚	243806	359445	32767	23985

三、基于杜邦分析体系的海宁市上市公司盈利能力分析

（一）权益净利率分析

权益净利率是企业净利润与股东权益的比值，也被称为股东报酬率，是本文衡量企业盈利能力的核心指标。2015~2020年10家上市公司的权益净利率数据如表4所示。2015~2020年海宁市上市公司的权益净利率趋势如图1所示。

表4 2015~2020年海宁市10家上市公司权益净利率   单位：%

证券简称	2015年	2016年	2017年	2018年	2019年	2020年
宏达高科	7.32	5.91	5.62	5.59	4.67	3.67
海利得	9.31	9.18	10.97	12.08	11.72	8.72
兄弟科技	6.00	10.83	17.63	0.97	1.89	0.93
浙江美大	14.92	17.61	23.33	27.66	30.28	31.90
天通股份	2.10	3.13	4.26	7.52	4.05	8.07

续表

证券简称	2015 年	2016 年	2017 年	2018 年	2019 年	2020 年
钱江生化	5.38	6.33	7.14	−6.37	4.19	1.18
芯能科技	—	—	—	4.53	2.90	5.28
晨丰科技	—	—	12.43	10.59	11.42	9.90
安正时尚	—	18.40	10.62	10.07	11.28	7.92
海宁皮城	11.21	7.38	3.80	4.33	3.55	2.46

注："—"表示由于处于企业上市年份之前，数据缺失。

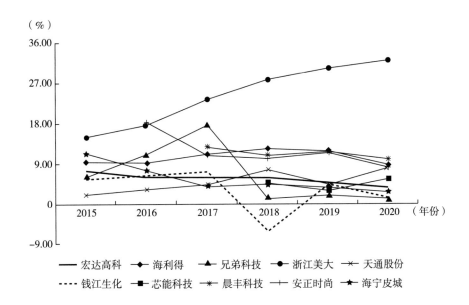

图 1　2015~2020 年海宁市 10 家上市公司权益净利率趋势

从总体水平来看，浙江美大的权益净利率水平远高于海宁市其他上市公司，平均比率为 24.28%；海利得、晨丰科技、安正时尚的权益净利率处于中游，平均比率也在 10% 以上；宏达高科、兄弟科技、天通股份、钱江生化、芯能科技和海宁皮城的权益净利率水平相对较低，处于 2%~8%。

从时间趋势来看，2020 年受新冠肺炎疫情影响，除了浙江美大、天通股份与芯能科技，剩余七家企业的权益净利率均呈下降趋势。在 2015~2019 年，浙江美大的权益净利率一直呈上升趋势，且其权益净利率水平大幅度高于其他企业；宏达高科、海德利、天通股份、海宁皮城、晨丰科技和芯能科技的权益净利率大多在稳定的区间内浮动，其中海利得有逐年上升的趋势，而海宁皮城呈下降趋势；权益净利率出现较大波动的是安正时尚、钱江生化和兄弟科技。安正时尚 2016 年的权益净利率水平较高，2017～2019 年回落到 10%～12%；兄弟科技和钱江生化的权益净利率在 2018 年发生大幅度下降。

为了解权益净利率变化的原因，本文对权益净利率指标进行分解。权益净利率可以分解为营业净利率、总资产周转率和权益乘数，这三个指标又可以从盈利、营运、偿债三个角度解释权益净利率的变化。

$$权益净利率 = \frac{净利润}{营业收入} \times \frac{营业收入}{总资产} \times \frac{总资产}{股东权益} =$$
$$营业净利率 \times 总资产周转率 \times 权益乘数$$

（二）营业净利率分析

营业净利率反映了企业的净利润与营业收入的关系，10 家上市公司的营业净利率数据如表 5 所示，为更直观地呈现，绘制如图 2 所示趋势图。

表 5　2015～2020 年海宁市 10 家上市公司营业净利率

证券简称	2015 年	2016 年	2017 年	2018 年	2019 年	2020 年
宏达高科	23.69	17.63	14.94	14.61	14.83	14.05
海利得	9.33	9.99	9.90	9.93	8.23	7.25
兄弟科技	11.30	17.97	25.76	1.54	3.48	1.46
浙江美大	30.05	30.44	29.74	26.95	27.31	30.70
天通股份	5.61	6.67	7.33	11.13	6.03	12.24
钱江生化	6.78	9.06	10.14	−8.83	6.99	1.89
芯能科技	—	—	—	17.22	10.88	18.95
晨丰科技	—	—	14.41	12.05	11.13	9.37
安正时尚	—	19.57	19.22	17.04	13.44	6.67
海宁皮城	30.43	24.46	15.07	19.11	19.04	13.36

注："—"表示由于处于企业上市年份之前，数据缺失。

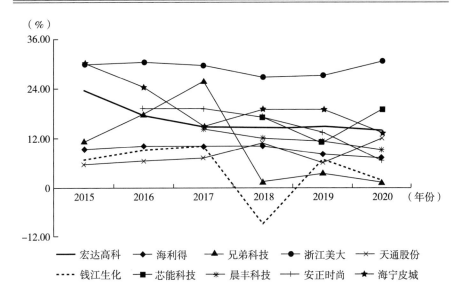

图 2　2015～2020 年海宁市 10 家上市公司营业净利率趋势

从时间趋势来说，2020 年浙江美大、芯能科技和天通股份的营业净利率上升，这是促使企业 2020 年权益净利率增长的重要推动力，受新冠肺炎疫情影响，其余企业的营业净利率均有所下降。在 2015～2019 年，钱江生化和兄弟科技的营业净利率波动较大；海利得和浙江美大的营业净利率变化较小，比较稳定；海宁皮城的营业净利率先下降后上升再下降；天通股份营业净利率总体呈上升趋势，但在 2019 年有所下降；宏达高科、安正时尚和晨丰科技的营业净利率总体呈下降趋势。

从总体水平来说，浙江美大的营业净利率水平高于海宁市其他上市公司，属于第一梯队；海宁皮城、宏达高科、安正时尚、芯能科技、兄弟科技和晨丰科技的营业净利率处于海宁市上市公司的中游水平；海利得、钱江生化和天通股份的营业净利率水平相对较低。

由图 2 可知，浙江美大的营业净利率稳定在 26%～31%，在 2018 年出现小幅度下降，下降至 26.95%，对比营业净利率和权益净利率两个指标的趋势图，可以发现浙江美大权益净利率的增长并非来源于营业净利率的增长。钱江生化和兄弟科技的营业净利率走势与权益净利率走势相似，这表明权益净利率的变动主要是受到了营业净利率的影响。除了钱江生化和兄弟科技的营业净利率波动较大，海宁皮城的比率也发生了较大的变化，从 2015 年的 30.43% 逐年下降至 2017 年的最低点 15.07%，2018 年有小幅度回升，但也仅在 19.11% 的水平，营业净利率的变化是导致海宁皮城权益净利率下降的主要原因。由图1可知，安正时尚的权益净利率在2017~2019年比较稳定，但图2中其营业净利率却呈下降趋势，且在2019年下降至13.44%，较2017年降低了近6个百分点，这一点需要注意。安正时尚的营业净利率出现下降，说明企业的营业成本和期间费用的增长速度高于营业收入的增长速度，企业需要加强对成本控制的关注。

（三）总资产周转率分析

总资产周转率反映的是销售收入与总资产之间的关系。一般来说，总资产周转率越大表示周转效率越高。

从总体水平来看，浙江美大、海利得和晨丰科技的总资产周转率较高，2017~2019年三家企业的总资产周转率均高于0.5；安正时尚、钱江生化、兄弟科技、天通股份和宏达高科的总资产周转率处于中游水平；海宁皮城和芯能科技的总资产周转率水平较低，均在0.2以下（见表6和图3）。

表6　2015~2020年海宁市10家上市公司总资产周转率

证券简称	2015年	2016年	2017年	2018年	2019年	2020年
宏达高科	0.2543	0.2773	0.3134	0.3285	0.2796	0.2370
海利得	0.5830	0.6116	0.7268	0.7422	0.7205	0.5980
兄弟科技	0.4397	0.4464	0.4515	0.3950	0.2918	0.3581
浙江美大	0.4273	0.4763	0.6125	0.7868	0.8478	0.8128
天通股份	0.3019	0.3548	0.3995	0.4395	0.4138	0.4206
钱江生化	0.4417	0.4318	0.4452	0.4678	0.4348	0.3702
芯能科技	—	—	—	0.1500	0.1457	0.1526
晨丰科技	—	—	0.7878	0.6423	0.7198	0.6614
安正时尚	—	0.6757	0.4508	0.4470	0.6165	0.7600
海宁皮城	0.1786	0.1653	0.1764	0.1544	0.1329	0.1290

注："—"表示由于处于企业上市年份之前，数据缺失。

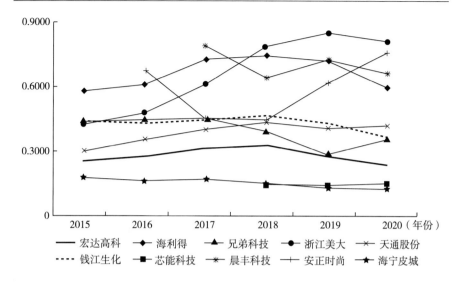

图3 2015~2020 年海宁市 10 家上市公司总资产周转率趋势

从时间趋势来看，2020 年受新冠肺炎疫情影响，除安正时尚、兄弟科技总资产周转率有较明显的上升，浙江美大、晨丰科技等多家企业的总资产周转率都有所下降。2015~2019 年除了起伏较大的晨丰科技和安正时尚，海利得、浙江美大、天通股份、宏达高科总资产周转率总体呈上升趋势；钱江生化、海宁皮城和芯能科技总资产周转率波动较小，基本保持在稳定区间；兄弟科技总资产周转率出现了明显下降。

由图3 总资产周转率的走势可知，浙江美大的权益净利率增长主要由于企业资产周转率的上升。安正时尚 2016 年总资产周转率为 0.6757，2017 年下降至 0.4508，这可能是因为 2017 年安正时尚上市，上市后企业总资产规模增大，导致总资产周转率下降，结合安正时尚 2016~2017 年的营业净利率情况，可以看出安正时尚 2017 年权益净利率下降主要是受到总资产周转率的影响。在 2019 年，安正时尚的总资产周转率出现大幅上升，从 2018 年的 0.4470 跃至 2019 年的 0.6165，说明企业的营运能力有所提升。钱江生化与兄弟科技的权益净利率都存在较大波动，作为影响权益净利率的因素之一，钱江生化的总资产周转率趋势平稳，而兄弟科技的总资产周转率在 2018 年和 2019 年连续下降。

（四）权益乘数分析

权益乘数可以反映企业的偿债能力，举债经营既会给企业带来杠杆效益，也会带来财务风险。适当的运用财务杠杆，可以拉动企业权益净利率的增长。

从总体水平来看，海宁皮城、钱江生化、海利得、芯能科技、兄弟科技和天通股份的权益乘数水平相对较高；安正时尚、浙江美大、宏达高科和晨丰科技的权益乘数水平相对较低（见表7和图4）。

表7　2015～2020年海宁市10家上市公司权益乘数

证券简称	2015年	2016年	2017年	2018年	2019年	2020年
宏达高科	1.21	1.21	1.20	1.17	1.13	1.10
海利得	1.71	1.50	1.52	1.64	1.98	2.01
兄弟科技	1.21	1.35	1.52	1.59	1.86	1.77
浙江美大	1.16	1.21	1.28	1.30	1.31	1.28
天通股份	1.24	1.32	1.45	1.54	1.62	1.57
钱江生化	1.80	1.62	1.58	1.54	1.38	1.69
芯能科技	—	—	—	1.76	1.83	1.83
晨丰科技	—	—	1.09	1.37	1.43	1.60
安正时尚	—	1.39	1.23	1.32	1.36	1.56
海宁皮城	2.06	1.83	1.43	1.47	1.40	1.43

注："—"表示由于处于企业上市年份之前，数据缺失。

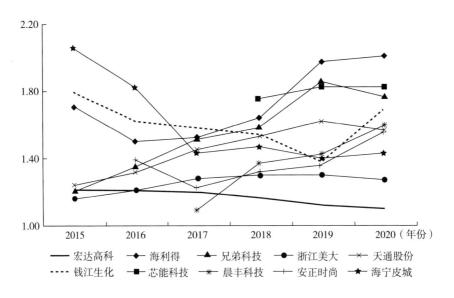

图4　2015～2020年海宁市10家上市公司权益乘数

从时间趋势来看，2020 年钱江生化、晨丰科技、安正时尚的权益乘数均有所提升，这可能是因为这些企业原本的负债水平就不高，企业通过举债来应对疫情的冲击。在 2015~2019 年，浙江美大、芯能科技、兄弟科技、天通股份和晨丰科技的权益乘数逐年上升，表明企业通过举债拉动权益净利率增长，发挥了财务杠杆的作用；海宁皮城、钱江生化和宏达高科的权益乘数呈下降趋势，可以看出企业在"减杠杆"，以降低财务风险；海利得和安正时尚的权益乘数先下降后上升。

（五）海宁市上市公司盈利能力评价

总体来说，浙江美大的权益净利率水平最高，平均权益净利率有 23%；钱江生化、芯能科技、天通股份的权益净利率相对来说较低，平均权益净利率不到 5%。根据 2019 年的数据，海宁市权益净利率在 10% 及以上的仅有 4 家，分别为海利得、浙江美大、晨丰科技和安正时尚，海宁市上市公司的盈利能力还有待提升。通过上文分析，海利得、钱江生化和天通股份需要提高企业的营业净利率；海宁皮城、芯能科技的总资产周转率水平较低，企业需要加以重视并设法提升；宏达高科的权益乘数较低，企业可以通过适当负债，拉动权益净利率的增长；海利得、兄弟科技和芯能科技的权益乘数较高，在企业发展的同时需要关注偿债情况。

从时间趋势来看，2020 年受新冠肺炎疫情影响，海宁市七成的上市公司权益净利率下降。2015~2019 年除了浙江美大和海利得的权益净利率逐年上升，其余企业的权益净利率均出现了不同程度的下降，企业总体的盈利能力有所下降。其中，兄弟科技、钱江生化、芯能科技、晨丰科技、安正时尚需要更多关注营业净利率的提升；兄弟科技还需要提升企业的资产周转率，提高营运效率；海利得、兄弟科技、芯能科技的权益乘数较高且有增长趋势，企业需要注意偿债的风险。

四、海宁市上市公司盈利能力对地方经济的影响

（一）地方税收收入

一个企业的盈利能力越强，企业越可以获得更多的利润，更多的利润

意味着企业需要缴纳更多的所得税，进而影响地方政府的税收收入。表 8 列示了 10 家上市公司缴纳所得税费用、海宁市政府收到的企业所得税收入合计和两者比值。可以看出，六年里海宁市上市公司缴纳的所得税占海宁市政府所得税收入的 20% 以上，比重最高的是 2016 年达 40.05%。

表 8　海宁市 10 家上市公司所得税费用与海宁市政府企业所得税收入

单位：万元，%

项目	2015 年	2016 年	2017 年	2018 年	2019 年	2020 年
上市公司的所得税费用	31365	40080	39965	40602	36618	40179
政府的企业所得税收入	96105	100064	108415	102812	127434	191688
上市公司所得税费用占政府企业所得税收入比重	32.64	40.05	36.86	39.49	28.73	20.96

（二）经济增长

企业较强的盈利能力可以给企业带来利润，积累资本，进而扩大企业规模。一方面，可以促进地方就业；另一方面，更大的规模可以制造生产更多的产品，增加市场供给，发挥市场活力，推动地区经济增长。海宁市 10 家上市公司一方面提供了很多就业岗位，2020 年在岗员工合计超过 2 万人，增加了各求职者在海宁市的就业机会；另一方面，提供了各类产品与服务，增加了消费者在市场中的选择。

五、结论

本文基于杜邦分析体系对海宁市上市公司的盈利能力进行分析，发现海宁市上市公司的权益净利率水平还有待提高。海宁市上市公司平均权益净利率在 10% 以下的有 6 家，在 5% 以下的有三家。从时间趋势来看，除了浙江美大和海利得的权益净利率逐年上升，其余企业的权益净利率增长并不明显。尤其是 2020 年受到新冠肺炎疫情的影响，七成企业的权益净利率出现下降。

浙江美大的权益净利率具有逐年上升的趋势，并且常年处于海宁市权益净利率的较高水平，这表明企业拥有较好的盈利能力，且企业的盈利能力比较稳健，可作为模范企业加以宣传与表彰，发挥带头作用。钱江生化、兄弟科技的权益净利率波动较大，利润总额低于行业平均水平，且钱江生化在部分年份出现亏损的情况，其盈利能力相对较差，政府需要对此加以关注。

企业的盈利能力一方面会影响企业的利润，通过影响企业所得税费影响海宁市的税收收入；另一方面，可以通过促进就业、增加产品供给推动经济发展。政府需要关注企业盈利方面存在的问题，通过政策引导等方式提高企业的盈利能力，助力企业可持续发展。

参考文献

［1］苏李华．基于企业可持续增长和盈利能力的杜邦分析法的改进研究［J］．财会研究，2017（12）.

［2］卢呈．杜邦分析法在财务分析中的应用［J］．商业会计，2016（4）.

村级组织负责人党政"一肩挑"的权力监督问题研究

——以浙江省 A 市为例

姚　莉　傅夏冰*

摘要　自 2018 年我国开始全面推行村级组织负责人党政"一肩挑"制度，强化村党组织的领导。本文以浙江省 A 市为例，分析制度实施后的权力监督情况，探讨在民主选举中、民主决策、民主管理中存在的"一肩挑"监督问题，并提出建设全过程监督体系、明确村务监督主体职责定位、畅通全民监督参与渠道、完善角度保障运行机制的解决措施。

关键词　党政"一肩挑"；权力监督；村民自治

一、引言

村级组织负责人党政"一肩挑"（简称"一肩挑"）是指同一人担任村（居）党组织书记、村（居）民委会主任。《中国共产党农村基层组织工作条例》第十九条规定，村党组织书记应当通过法定程序担任村民委员会主任和村级集体经济组织、合作经济组织负责人。实施"一肩挑"治理模式，有利于进一步加强党的全面领导，把制度优势转化为实实在在的乡村治理效能，以基层实践推动国家治理水平和治理能力现代化。

浙江于 2020 年启动的新一轮村级组织换届工作中，着力推行"一肩挑"制度，在调和村"两委"关系、减编提效、优化村级党的领导等方

---

　*　作者简介：姚莉，女，浙江财经大学东方学院教授，博士，硕士生导师，主要研究方向为地方政府治理。傅夏冰，女，浙江财经大学 2020 级 MPA 硕士研究生。

面发挥着积极作用。① 然而，实施"一肩挑"后，权力集中在某一个人或者是两三个人身上，使监管难度增大，出现了个别负责人利用权力非法侵占或违规使用村集体资金等问题。虽然我国对村级组织的反腐败力度不断加大，其权力运行比以往更加规范，但由于尚未形成科学有效的监督机制，监督主体职能定位不明、监督方式单一等问题仍然存在，"一肩挑"的权力监督问题也受到关注。党一贯重视基层腐败治理，强调在当前要建成党统一指挥、高效的监督体系。本文以浙江省 A 市为例，研究"一肩挑"权力监督存在的问题并提出解决措施，有助于进一步发挥"一肩挑"制度的优势。

二、"一肩挑"权力监督的实践——以 A 市为例

A 市是浙江金华市代管县级市，下辖 16 个镇街区，399 个行政村。2020 年，A 市完成村组织换届选举，选民参选率约 95%，共选举产生村两委干部 3220 名，包括 1765 名村委会成员、1967 名村党支部委员，392 个行政村达成"一肩挑"目标，"一肩挑"占 98.2%。A 市注重与村民自治相结合，在民主选举、民主决策、民主管理中，发挥村民监督委员会的作用，保障党员、村民的监督权利，加强对"一肩挑"的民主监督。

（一）民主选举中的监督

A 市在开展换届工作的过程中严格遵循动态报告、资格审查、组织考察、讨论决定、公示、选举、任命等程序，严把选人关。为了把政治素质过硬、公信力高、廉洁公正的干部纳入选用范围，A 市结合群众反馈、个人表现等综合因素，经村推荐、镇筛选、市备案后，建立储备选任人才机制，为培养储备人才和管理选任人才提供保障，并规范台账、健全制度、科学管理，如通过定期培训、试岗锻炼等方式，建立动态管理机制和联系帮带体系。同时，科学划定选区、明确村民代表数量，保障村民表达真实意愿，村民在行使选举权利的同时，加强了对"一肩挑"选举过程的监督。A 市规定，以 15 户居民为基准划分选区，以相邻居住原则选举村民

---

① 曹立志，曹海军. 全面推行村级组织负责人"一肩挑"的基层实践与优化策略：基于北省 L 镇的考察［J］. 东北大学学报（社会科学版），2022（2）.

代表，在选举过程中，投票、唱票、计票等环节都应向村民公开。规模较大村的居民代表需要低于 50 人，规模较小村的居民代表需要高于 11 人，且居民代表的最佳数量应该在 20~30 人。

村民代表不仅要选举"一肩挑"，而且还通过选举村务监督委员会（以下简称监委会）成员强化对"一肩挑"的专门监督。《浙江省村级组织工作规则（试行）》规定，村务监督委员会是村务监督机构，负责村民民主理财、监督村务公开等制度的落实，对强农惠农政策落实情况、村民会议和村民代表会议决议执行情况、重大事项民主决策情况和村级各项收支、工程项目招投标等村务管理执行情况进行监督。监委会是村级权力的重要主体，在推行"一肩挑"制度中扮演着重要角色。在公开和决策村务、财产管理、建设工程项目、落实惠农措施等工作中，监委会享有知情、审核、质询、审核、建议等权利，并按照抓早抓小、防微杜渐的原则，采用底线管理方法保证有效、及时地纠正提醒、警示教育"一肩挑"和其他村"两委"干部。如果村"两委"确实在权力运用上存在问题，则监委会有权依照规定和程序责令公开检讨、通报批评和停职等。监委会由 5~7 名村民代表组成，包括主任 1 名、成员 4~6 名，履行党务公开监督、村务公开监督、民主理财等小组的职能（见图 1）。A 市于 2020 年村组织换届选举工作中，共计选出 1321 名监委会成员，其中有 399 人担任监委会主任、922 人担任监委会委员（男性 789 人，占比 85.57%，女性 133 人，占比 14.43%）。

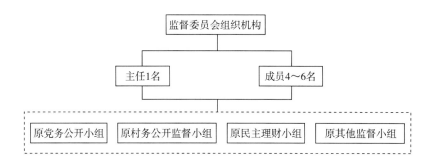

图 1　A 市村级党政"一肩挑"权力监督委员会组织机构

（二）民主决策中的监督

A 市行政村的村级重大事务按照"五议两公开"程序决策，监委会全程监督,避免"一肩挑"决策中权力过于集中。"五议两公开"是指"党员群众建议、村党组织提议、村务联席会议商议、村党员大会审议、村民(代表)会议决议"和"表决结果公开、实施情况公开"(见图2)。村级重大事务主要包括村经济和社会发展规划、村民自治章程、村级财务预决算、村集体经济项目、村公益事业筹资方案、村集体资产的安排和使用等,如撤村建居、征地拆迁、宅基地使用、最低生活保障金、救灾救济资金、土地补偿款发放等。"一肩挑"以党员会议审议的结果,提出由村民(代表)会议审议,也可以预先将村党员会议审议的事项告知村民,村民或村民代表可事前经过充分讨论,如实反映自身意图、需求,并提出合理建议,然后再按照民主集中制原则和决策程序严格审议,最终以投票表决结果作为一致性意见,并在全村范围内将结果公示3天。"五议两公开"有效地保障了党员、村民和监委会成员行使监督权利,有利于在程序上避免"一肩挑"出现"一言堂"的问题。

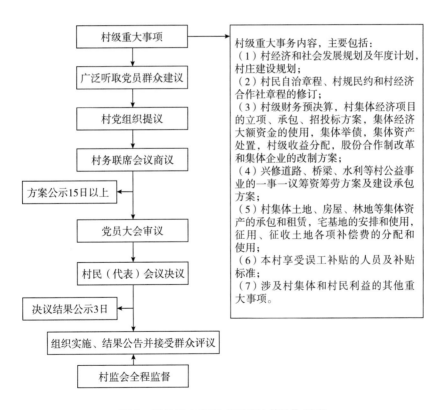

图2 村级重大事项"五议决策法"流程

（三）民主管理中的监督

A市2020年发布《关于推行"五个一"工作机制加强"一肩挑"后村级权力运行监督的通知》，主要内容包括选派"第一书记"驻村包村、构建符合规范化要求的村务决策流程、探索简洁的村务公开办法、构建遵循"四位一体"原则的监督体系、健全落实重大决策的"五议两公开""村账镇管"和审计监督制度等，推行农村"清廉智治"监管平台、"清廉钉办"、"码（马）上公开"，制定包括7个村级重大事项、11个村级日常事务的33条"小微权力"事项落实清单，完善《村规民约》《村民会议和户代表会议议事示范规则》等，为"一肩挑"合理运用权力、加强民主管理和民主监督提供了保障。例如，"清廉钉办"平台的推广，不仅村级事务处理不受时间和场所限制，而且数据留痕为村级权力运行和线上公示村级事务提供了便利，党员和村民代表可以通过信息查看，及时发现问题，举报不法行为和投诉违规行为。又如对村务公开内容和在程序规定中，要求完善村内重要活动和事项的记录，统一印制记录本，重要事项在公开栏公布，党员和村民可翻阅记录本、查看公开栏，发挥监督的作用。A市还创新推行村级事务"报告日"制度，采用月报告形式监督村级事务，将每半年报告变为每月一报，变被动报告为主动报告，让党员和村民代表直接了解村内各项事务，有助于督促"一肩挑"规范履职行为，实现村级事务管理的民主化、公开化、透明化。

为加强对农村集体资产、资金、资源（以下简称"三资"）的监督管理，A市推行"两笔一章一把关一公开"制度。"两笔"是由村会计负责报销的与村集体事务紧密关联的票据应由村党组织书记、村民委员会副主任或1名村民委员会委员、村务监督委员会主任等背签才符合有效性要求；"一章"是指各村依据规定设立民主理财小组，遵循"村财镇管"原则，细化管理审核程序，对获得审批入账票据把关，即在审核票据是否合规、符合正当要求后，为审核同意的票据盖专用章；"一公开"是指定期公开村级财务，即规模较大的行政村以月为周期公开村级财务，规模较小的行政村以季度为周期公开村级财务，做到民主管理村级财务，杜绝村级腐败问题发生。同时，农业农村局定期抽查审计村级财务，促使"一肩挑"筑牢不触碰财务支出红线的防线。

A市推行开展"双述双评"活动，进一步深化民主评议述职、干部考核和离任审计等制度。"双述双评"是"一肩挑"每年向乡镇党委、本村全体党员和村民代表述职述廉，并与村级组织班子其他成员一起接受本村党员大会或者村民（代表）会议的民主评议。"双述双评"的程序为述职对象向大会述职、上级党组织（与会党员、村民代表）根据调查核实情况向述职对象提问、述职对象回答问题、发放述职测评表、测评情况汇总、结果公示，测评结果成为评判"一肩挑"和村干部称职与否的重要指标，充分发挥了民主管理和民主监督的作用。在干部考核方面，镇党委以年度考核结果、工作业绩情况、群众满意度指标数值等为依据综合确定"一肩挑"基础报酬和绩效报酬，让其做好尽职履责工作、形成担当作为精神。在"一肩挑"离职或离任后，实行经济责任审计。"一肩挑"任期届满或离任的，县级农业、财政部门或乡镇人民政府要组织对他们进行经济责任审计，明确应负的经济责任。对村民关注的建设工程、土地征用补偿费分配等需要审计的其他重大事项实行专项审计，审计结果及时公布。

三、A市"一肩挑"权力监督的问题

（一）民主选举中的难点及对"一肩挑"监督的影响

因宗族势力、青年村民流失等影响，选举政治素质过硬、公信力高、廉洁公正的"一肩挑"存在一定困难。A市部分村庄受宗族观念和宗派势力影响，大族大姓借助家族势力影响和干涉村民投票，甚至出现宗派争抢当选村主任状况，他们互相干扰，候选人获得半数选票变得困难，选举程序较难执行。同时，随着经济社会发展，村民流失速度和数量都在不断增加，农村青年往往会选择外出打工，越来越多的村民更愿意进入城镇生活，A市外出务工的青年较多，留在农村生活的大多数是中老年人，"一肩挑"候选人在这些人中产生，往往既具有较高威望，又可以获得宗族支持，对其管理和决策监督变得困难。同样的问题也存在监委会成员的选任上，A市2020年选举产生的主任和成员中，存在年龄偏大、文化水平不高、专业经验不足的问题。46周岁以上人员占比分别为76.69%和69.31%（见表1）；高中及以下学历占比较多，占比分别为87.22%和92.73%，专科以上学历占比分别为12.78%和7.27%（见表2）；任职时间低于 3 年的占比分别为 48.12% 和 77.33%（见表 3）。有一定工作经验、掌握专业知识的成员数量较少，未储备丰富村务监督经验、未接受系统培训的成员占比达 68%。离任后的村党支部书记和优秀老党员成为担任村务监委会成员的主体，虽然他们深受村民认可和信任，但是由于年龄较大、精力缺乏、学习能力较弱、专业知识储备不足，往往对职责定位不明确、对基层监督重要性的认识也不到位。

表 1　A 市村务监督委员会主任和成员年龄分布　单位：人，%

年龄（人数/比例）	60 岁以上		56~60 岁		46~55 岁		36~45 岁		25~35 岁		25 岁及以下		合计
	人数	比例	人数	比例	人数	比例	人数	比例	人数	比例	人数	比例	
主任	63	15.79	78	19.55	165	41.35	83	20.80	10	2.51	0	—	399
成员	163	17.68	130	14.10	346	37.53	209	22.67	73	7.92	1	—	922

表 2　A 市村务监督委员会主任和成员学历分布　单位：人，%

学历（人数/比例）	初中及以下		高中		大专		本科		合计
	人数	比例	人数	比例	人数	比例	人数	比例	
主任	233	58.40	115	28.82	44	11.03	7	1.75	399
成员	603	65.40	252	27.33	46	4.99	21	2.28	922

表 3　A 市村务监督委员会主任和成员任职时间分布　单位：人，%

任职年限	3 年及以下		3~5 年		5~10 年		10 年以上		合计
	人数	比例	人数	比例	人数	比例	人数	比例	
主任	192	48.12	54	13.53	57	14.29	96	24.06	399
成员	713	77.33	88	9.54	75	8.13	46	4.99	922

（二）民主决策中监督的难点

"五议两公开"的关键环节之一是村民（代表）会议决议，决议结果经公示无异议后才能实施。但在实际操作中，村民（代表）会议召开难度较大，主要表现在三个方面。一是农村地区人口居住分散，且随着城市化加速，农村人口流动性增加，越来越多的农村人转向城镇，他们虽然为农村户口，但大部分时间都居住在城镇，较少参与村庄事务，而留在农村的村民大多为中老年人，参与村庄事务的精力和能力都有限。据调查，A 市某些村召开村民大会次数不多，有时由于上述原因，即使召开会议，参会人数较少，会议时间也较短。二是村民（代表）会议一般由"一肩挑"主持，如果会议程序不到位，重大事务未充分讨论，会议记录不全面，很容易变成走过场，流于形式，难以起到监督作用。甚至有的村庄的民主决策和监督变得形式化，依靠某些威信较高的人决定会议结果。三是"一肩挑"制度推行后，村党组织书记同时扮演着运动员、裁判员角色，书记、主任互相监督制衡的机制难以发挥作用，班子成员之间的监督新机制还没有形成，村级重大事项决策存在约束性不强的问题。有些村的村委会工作缺乏主动性，并未按照制度要求及时召开会议讨论、决议、审议各类事务，相关问题也未予以及时解决。甚至有些应该通过召开村民（代表）会议的事务，实际上是由"一肩挑"、党员骨干等决定的。在这个过程中，就容易发生村庄决策权力被一个人甚至以一个人为首的班子所攫取，造成个人专断，权力失去制约与监督，增加发生腐败的风险。

（三）民主管理中监督的难点

村务公开是民主决策、民主管理的基础，是党员、村民行使监督权力的重要载体，但实践中村务公开制度执行不力，导致监督遇到困难。一是内容公开不到位。由于村务公开的内容在法律法规中还没有明确规定，有的村庄对村民高度重视的重大经济事项未充分公开，有的财务信息公开不全面，没有逐笔公开财务事项，甚至个别村庄公布虚假信息。二是内容公开不及时。根据规定，不同内容的村庄事务公开的周期不同，一般以月和季度为周期，但在实际执行中，部分村庄经常以半年、年为周期公开村务。三是公开形式单一，A 市虽然在线上公开了相应信息，但部分村庄仍然以张贴大字报作为主要方式，覆盖范围较小，也不利于信息及时更新，不利于村民广泛知晓村庄事务。村务公开制度执行不利会影响党员、村民代表的日常监督。A 市以月报告创新党员和村民代表监督村级事务的形式，但在实践中，由于村务公开不到位、村规民约不具备较强约束性等因素的影响，党员和村民代表较难形成较高的积极性，监督基本流于形式。特别是由于村务公开不到位，财务管理和监管缺失，"一肩挑"与村会计合谋违规发放奖金、补贴，挪用集体资金等问题时有发生。

监委会负责村民民主理财，监督村务公开等制度的落实，由于缺乏独立性和制度保障，存在监督走过场的问题。一方面，监委会是独立于村"两委"的组织，在选举中遵循村委会成员回避的原则，但在实践中，监委会主任通常由村党支部副书记或者负责纪律检查工作的党支部委员担任，间接削弱了监委会的独立性。另一方面，虽然相关制度规定了监委会需履行的职责、具备的权利义务等，但是监委会的监督内容广泛、涉及村民重大利益，涵盖村务决策、村务公开、建设村级工程项目、"三资"管理等，具体应该监督什么内容、关切哪类利益群体和哪些重要利益没有明确规定，使其难以开展工作。此外，监委会与其他村级组织形成何种工作关系，其监督权力行使是否需要全面覆盖村"两委"职责，这些在实际工作中遇到的问题都会对监委会的工作产生影响，加之监委会成员一般没有薪资报酬的保障，工作积极性和意愿不高，导致监督中走过场的问题产生，如在监督村级财务时，监委会主任需要审核财务收支明细并签署姓名，因审议、反馈、存档环节缺失，大部分明细并未交给监委会主任审核。在监督村级决策时，部分监委会成员仅旁听村务联席会议，并未针对村务决策提出建议，甚至部分村庄的监委会未履责，如 Z 镇 X 村监委会成员贺某在 2021 年后无正当理由拒绝参加"一月一沟通"会议和联审联签财务明细表。部分"一肩挑"和监委会主任同为一个家族的成员，或是经济合作伙伴，这些关系也会给监委会监督"一肩挑"带来负面影响。同时，由于还未建立完善的监委会激励和惩戒机制，发现问题后不能及时给予惩罚，监督的保障机制也存在不足。

四、完善村级党政"一肩挑"权力监督的对策建议

（一）构建全过程监督体系

完善村民选举制度，保障选举过程的透明度和公开性，让拥有专业能力和高素质的党员参与村庄事务管理。继续完善选任人才储备制度，储备政治素质过硬、业务能力较高的人才进入村干部队伍。加强选用过程中重点环节的监督，保证工作的连续性和有效性，在民主推荐与组织考察过程中，选用符合要求的"一肩挑"干部；在决策与酝酿环节，坚持民主集中制原则，充分听取村民意见，在任用培训环节加强反馈监督（见图3）。

优化和完善村民决策制度，不断规范村级重大事务的民主议事、决策范围、程序和方法。只要是涉及农村政治、经济及文化发展的重要事项，尤其是与村民切身利益相关的事项，都要依法召开村民会议或村民代表会议讨论决定。充分发挥村民自治章程的约束作用，不断加大对"一肩挑"的监管力度。完善村务公开制度，加大村级各项事务的公开力度，保障工作透明度，确保"一肩挑"在工作过程中能够真正履行职责，立足于村民集体利益，发挥村班子的带头作用。进一步优化公开程序，创新公开方式，对需要公开的内容应以适当方式公开，对重大决策的实施，要定期公开进展情况，对各项事务办理结果，要及时向村民通报。加强"三资"监管工作，贯彻和落实管理台账制度，重点关注涉及村里集体资源的事项，保证审核过程的有效性和合理性，确保审核结果能够真实反映审核事项。严格执行"三资"管理责任追查制度，对造成巨大经济损失的"一肩挑"或村干部予以严惩，追究相应失职责任。深入考察"一肩挑"的工作，重视绩效考核，根据实际情况，实施激励制度以及奖罚制度，构建全方位、多角度的全过程监督体系（见图3）。

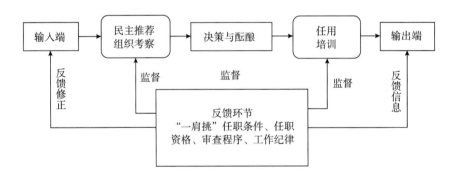

图3　考察选用"一肩挑"的监督反馈

（二）强化村务监督委员会的作用

监委会成员坚持村民自主参与、党组织审核、村民集体选举的程序，优化人员构成，培养一批专业能力较强且政治素质较高的人才。采用专兼职结合的方式，吸纳大学毕业生、退休干部和教师参与监委会工作，加强针对性培训。完善监委会责任追究制度，明晰监委会与"一肩挑"的责任边界，理清监委会的职责，避免越权管理的问题。明确监委会与上级部门的关系，防止上级有关部门对监委会的过度干预或者疏于指导，上级部门要适当指导帮助监委会履职，通过实地抽查、回头看等形式加大巡视力度，延伸巡视对象，提高监委会的履职能力。优化监委会与村内其他组织的关系，厘清职责权力，共同监督"一肩挑"。规范监委会的工作过程，让监委会成员依据规章制度办事，保障各项工作的规范、合理、有序。加强与村民的沟通，及时了解社会民情，积极鼓励村民表达个人意见，切实保障村民利益。根据当地实际情况，制定合理的工作补贴标准，保障发放到位和专款专用。加大对监委会监督工作报告的审核力度，对工作态度交叉或是不作为的委员予以惩罚，对工作态度优秀以及工作效果良好的委员予以奖励。建立健全责任追究制度，及时问责不作为的委员。

（三）畅通全民参与监督的渠道路径

利用宣传小组定期下乡、文化表演等方式，结合电视、广播和互联网等新兴传播渠道，根据当地村民的生产生活特征，宣传村民自治政策和法律法规，提高村民公共素质和参与监督的积极性。加大网络监督平台建设力度，积极开展互联网公共办公平台建设，拓展村民权力监督的新渠道，构建市、镇（街道）、村（社区）三级网络监督平台，全面公开"一肩挑"权力运行过程。创新农村发展项目监督新模式，指派专人组成项目监督特派小组，深入检查农村各项事务，定期向相关部门汇报，根据"一肩挑"和村委会的工作情况，监督其是否存在不作为或是贪污腐败的问题，一旦发现问题，现实纪委指导乡镇纪委，做好调查问责的工作。重点关注涉及的"三资"问题，根据村民意见和上报内容，对损害集体利益的行为予以纠正。条件成熟的村庄，继续推行干部述职制度，发挥村民监督的作用，保障村民清晰了解"一肩挑"和工作，积极推行农村阳光工程。定期展开村民讨论大会，对重大事项由村民集体讨论，完善"双述双评"制度，总结"一肩挑"和村委的工作，并将评价结果上报至相关部门。

（四）完善监督运行保障体系

优化"一肩挑"离任经济责任审计制度，健全任中审计，实现"一肩挑"任职期间和离职后经济责任的审计审查，必要时追查责任。如果在任职期内出现问题，应深入分析问题和成因，及时整改工作，严格惩治村干部贪污腐败，对其任期中发生的违纪违法问题予以深究。优化责任追究制度，根据问题造成的影响和损失，明确相应惩处措施。明确村班子成员的内部分工和职责边界，建立"一肩挑"的权力运用记录平台（如基层公权力平台）和具体制度。严格实行"一肩挑"印章专人保管、公章使用登记和"联章联签"制度，如果涉及与村民利益密切相关的重大事项处理，需经由村党支部和村委会共同盖章或联合签批方可生效。充分发挥监委会"双否决权"和村民（代表）会的决议权力的监督作用，强化监委会和村级事务决策领导小组的监督，在组织内部形成对"一肩挑"决策权力的约束。完善村民（代表）会议的决策机制，保障村民（代表）会议最终决策权力的有效行使，村级重大事务决策权力由村民（代表）会最终决定，防止"一肩挑"及班子成员权力寻租和滥用。

参考文献

［1］程同顺，史猛．推进村级组织负责人"一肩挑"的条件与挑战：基于 P 镇的实地调研［J］．南开学报（哲学社会科学版），2019（4）：56-57．

［2］陈军亚．农村基层组织"一肩挑"的制度优势与现实障碍［J］．人民论坛，2019，628（11）：99-101．

［3］董敬畏．村级组织负责人"一肩挑"制度面临的挑战及对策［J］．中州学刊，2020（9）．

［4］付明卫，叶静怡．集体资源、宗族分化与村干部监督制度缺失［J］．中国农村观察，2017（3）：102-105．

［5］谷志军．谁来监督监督者：监督权问责的逻辑与实现［J］．社会科学战线，2017（1）：35-39．

［6］姜胜辉．村务监督委员会：生发机理、运行困境与路径选择：以广东省佛山市为例［J］．山西农业大学学报（社会科学版），2019（4）：24-26．

［7］李玉才，唐鸣．从多元隔离到多元复合：村干部监督体系的优化路径研究［J］．社会主义研究，2017（4）：23-25．

［8］李庆召，马华．制约与监督协同视角下的村级权力自控机制研究［J］．江西社会科学，2017（3）：78-79．

［9］李红勃．迈向监察委员会：权力监督中国模式的法治化转型［J］．法学评论，2017（3）：90-94．

［10］曲浩文．村党组织书记、村委会主任"一肩挑"推行意义及其职务犯罪预防探析［J］．沈阳工程学院学报，2020（3）：68-71.

［11］陶周颖．村级党政"一肩挑"的发展逻辑及实践路径［J］．理论研究，2020（4）：52-58.

［12］徐玉生，严旻佳，商阳．论权力监督的理论逻辑及其机制建构［J］．河南社会科学，2017（1）.

［13］杨群红．新形势下村官腐败的类型、特征及治理对策［J］．中州学刊，2016（12）：88-91.

［14］杨解君．全面深化改革背景下的国家公权力监督体系重构［J］．武汉大学学报（哲学社会科学版），2017（3）：56-59.

构建多维课堂，打造红色文化

——《毛泽东思想和中国特色社会主义理论体系概论》的十载探索与实践

叶颖蕊　马　羚　钱潇荣*

摘要　在新时代传承弘扬红色文化，充分挖掘和发挥红色文化的教育价值和育人功能，让红色文化进校园、进课堂，对于加强和改进高校思想政治理论课的教育教学具有重要意义。新形势下，高校思政课不仅要坚持"以文化人、以文育人"的新型教学理念，更要充分探索多维度的教学模式和实践教学路径。近年来，多维课堂逐渐以各种形式出现，在高校教学中具有相对于传统课堂的独特优势。构建多维课堂，转变课堂教学单向模式，是促使红色文化融入思想政治理论课的新路径、新突破。本文以《毛泽东思想和中国特色社会主义理论体系概论》课堂为例，简要介绍构建多维课堂，传承红色文化的新型教学探索路径。

关键词　多维课堂；红色文化；思政课堂；教学改革

自党的十八大以来，习近平围绕实现中华民族伟大复兴的中国梦这一主题，结合建设社会主义文化强国战略，就传承和弘扬红色文化发表了一系列重要论述。"要把红色资源利用好、把红色传统发扬好、把红色基因传承好"①，这是习近平红色文化论述的核心要义，为思想政治教育教学在实践中解决"用什么培养人""培养什么人""为谁培养人"的问题提供了基本遵循。红色文化是社会主义先进文化的重要组成部分，它为大学

---

*　作者简介：叶颖蕊，副教授，浙江财经大学东方学院法政学院党总支书记、马克思主义学院副院长。马羚，浙江财经大学东方学院马克思主义学院综合秘书。钱潇荣，浙江财经大学东方学院马克思主义学院思政教师。

①　习近平. 贯彻全军政治工作会议精神　扎实推进依法治军从严治军［N］. 人民日报，2014-12-16.

生社会主义理想信念的确立、人格的完善、优良道德品质的培养提供精神滋养。利用好红色资源，解决好思想政治教育"用什么培养人"的实践问题，就要将红色资源融入到高校思想政治教育实践活动当中，并且有效地借助现代信息技术，强化红色资源的育人功能。要切实推进红色资源融入思政课程体系，就要依托现代信息技术，构建多维课堂，转变单向的课程教学模式，通过多维课堂这一载体，将红色文化有效地传递给学生。

近年来，随着新媒体技术的飞速发展，互联网已经成为获取信息、交流信息的必要平台，同时它也突破了传统课堂、高校、求知的边界，对学生产生较大的影响。[①] 因此，对当前高校思想政治教育教学实践提出了更高的要求，高校思政课堂教学目前仍然存在诸多问题，亟待探索新的教学方式和路径。

一、高校思政课程教学存在的普遍问题

（一）学生排斥心理严重

高校思政课堂整体表现出"冷态势"，这具体表现在学生对于思政课的认知态度较为消极，有些学生往往把思政课列为选择性逃课课程，或者认为思政课异常枯燥无味，适合睡觉等。多数学生在思政课堂上的表现就是身在课堂、心在课外，上课玩手机现象比较普遍。究其原因，大概有三点：一是学生认为思政课相比专业课而言是副课，不需要投入和重视；二是学生认为思政课无非就是说教课，思想性、实践性不强；三是认为思政课在就业中的显性效果不显著。当然，除了学生自身的原因之外，教师在思政课教学实践过程中过多地注重理论性知识，时常忽略了它对学生思想上的影响，致使学生缺少学习的动力。因此，教育者不仅要重视理论知识的灌输，而且要通过多元实践活动和多样化的考核方式对学生产生潜移默化的影响。总之，高校思政课堂学生抬头率低，整体表现出较强的排斥心理，是当前高校思政课堂教学面临的一个重大问题。

---

① 钱海兵，黄勇其，李亚烽，等．多维课堂教学模式提升高校教学质量作用探析［J］．中国中医药现代远程教育，2018，16（22）：20-22．

（二）教师教学形式单一

在思政课堂教学实践当中，理论知识的传输、理论讲授环节是首要环节，也是重点环节。然而，教师讲授教材时形式单一、内容陈旧、照本宣科成为一个必须直面的问题和现状。

师者，所以传道授业解惑也，在传统的思政课堂教学模式中，教师是教学过程中的主体。在以往的教学活动中，知识的传授主要是教师传递给学生，从而完成教学环节。然而，随着信息网络技术的发展，学生接受信息和知识的平台与渠道增多，传统的知识传输对学生已经丧失了吸引力，学生自主选择信息的能力增强，从而使传统教学中以教师为主导的单向传播方式弱化。另外，由于学生通过互联网获取信息量庞大，获得的信息更新速度也非常快，因而他们在接受教师所传授的教材知识时会产生一种抵触心理，说教式的教学方法更是难以调动学生的积极性。[①] 因而使教学方式面临挑战，教师应当使自己的教学方式由单一的传授、单向的传输转变为师生双向互动模式。教师应当结合丰富多样的辅助教材和扩充资源，在整合教材体系的基础之上做到与时俱进、深入浅出、因材施教，才能探索出适合高校思政课堂的新型教学模式。

（三）实践教学不够重视

实践教学方式是使理论内化的重要环节，也是思政课教学体系中的重要部分。思政课的一个重要目的就是希望学生根据主流意识形态的要求，遵循社会发展方向，从而为实现社会发展目标服务。思政课不仅具有理论意义，更具有实践意义，用思政课所学到的马克思主义理论相关知识服务于社会、国家发展才是根本目的。因此，思政课的学习必须将理论和实践相结合才会达到应有的效果。近年来，高校思政课在探索教学方式的同时，一直在强调推进实践教学的改革。然而由于客观条件的限制和主观认识问题，思政课当前仍然表现出以讲授理论为主、实践活动为辅的现状，有些甚至是理论"满堂灌"的现象，不能发挥学生的主体性和创造性，严重影响到课程的教育质量、学生的成长发展和国家育人目标的实现。另

[①] 姬立玲.新媒体环境下高校思政课教学方法创新探究［J］.思想教育研究，2016，267（10）：82-85.

外，对于课时和教学的安排比较随意，缺乏有效的组织管理，教学设计缺乏针对性和可行性等，这些严重制约了思政课实践育人功能的发挥。

（四）考评模式逐渐固化

考评制度是检验学生学习效果的重要一环。科学的考评机制，不仅有利于了解学生的掌握状况，也有利于查找教学中存在的问题，并及时进行查缺补漏，对学生学习形成正确引导，从而提升教学质量。当前思政课的考评机制大多还是以传统的灌输式教育方法为基础，很多高校依然采用传统的闭卷形式考核方式，有的高校会加入平时的考勤情况确定考核成绩。尽管如此，学生依然是被动上课，被动地以考前突击背诵的形式应付考评制度。这样的考核方式不仅不能客观准确地测试学生的学习水平，而且容易使学生的抵触心理加重。这种考核形式既不能真实检验学生的情感认知和价值认同水平，又不能正确地引导学生的学习，容易误导学生采取死记硬背的方式，严重影响了思政课教学质量的提高。

因此，思想政治理论课的考评模式亟待进一步探索和改革，要通过多元、综合、系统的方式进行科学地考评，更加注重考评的思想性、实践性、过程性，尽可能达到公正公平，从而促进思政课教学质量的提升。

二、高校思政课程教学创新思路

中国特色社会主义进入新时代，高校思政教育也面临着新形势、新任务、新挑战，需要从原来的困境中找出路。在当前高校思政课教育教学实践探索过程中，我们既要注重彰显社会主义主流意识形态，同时又要重视挖掘和融入中华优秀传统文化资源，尤其是红色文化的时代价值与现实意义，这样才能帮助学生坚定中国特色社会主义理想信念，逐步培育学生的社会主义核心价值观。

（一）整合红色资源，拓展思政课堂教学内容

红色资源是具有中国特色的教育资源，并且非常丰富，遍布各地，是思政课取之不尽的教育宝库。红色文化资源的内容涵盖许多方面，包括革

命旧址、先辈遗物、革命纪念馆、红色访谈资料、红色题材的影视、文学作品等。[①] 因而要将红色资源融入到思政课的教学当中，需要先对红色资源进行整合，以更加多样的形式分类，来拓展思政课堂的教学内容。此外，虽然红色文化资源极其丰富，但各类资源往往具有分散性，会因为地域环境、文化传统、发展状况的不同而存在差异。因此，要融入红色资源教学，打造实践课堂，需要先对本高校所处地区和周围的红色资源进行全面的了解、分析和客观的评估，在此基础上，进行科学有效的分类，从而发挥各类红色资源的独特优势和功能，丰富实践教学内容和形式，增强实践课堂的吸引力和实效性。

（二）传承红色基因，做好思政课堂价值引领

自党的十八大以来，习近平总书记反复强调文化自信，而文化自信最重要的是对中国共产党领导人民群众近一百年来在革命、建设和改革过程中创造文化的、社会主义先进文化的自信。红色文化，尤其是"红船精神"、井冈山精神、长征精神、延安精神、西柏坡精神等红色革命文化，是我们在实现中华民族伟大复兴的中国梦的征途中一直要坚守和弘扬的中国精神，这也是时代的主题。红色基因是指中国共产党以共产主义先进理想信念为导向的无产阶级思想性、政治性，这是中国共产党自成立以来就流淌在血液中的根本，是革命、建设、改革伟大胜利的不竭动力和精神之源，正如习近平总书记所言"红色基因不能变，变了就变了质"。[②] 因此，思想政治教育必须传承好红色基因，高校思政课程改革应当始终坚持将红色文化的育人功能与思政课堂教学相融合，将学生的内在精神需求与思政课堂教学目标相统一，让红色文化成为高校"思政金课"的亮丽底色。作为新时代青年学生，应具有不忘初心、牢记使命的时代责任感，并且不断践行爱国爱党、思想端正的社会主义核心价值观。将红色文化融入到思政课堂教育，能帮助广大青年认知到现在的美好生活来之不易，激发学生成为具有坚定理想信念、鲜明人民立场、强烈历史担当、求真务实作风、勇于创新精神的时代新人。

---

① 黄蓉生，丁玉峰.习近平红色文化论述的思想政治教育价值探析［J］.思想教育研究，2018，291（9）：3-8.

② 习近平谈治国理政（第2卷）［M］.北京：外文出版社，2017.

（三）构建多维课堂，推进思政课堂教学模式改革

多维课堂这一教学模式是对传统教学模式的改造，它突破了传统教学方式的时空关系，使学生的学习活动和时间不仅仅局限于教室，学习的内容也不只局限于书本和笔记。这种教学模式充分尊重学生的自主权、独立性和差异性，因而可以培养学生的创新精神和创新思维。思政课程在教学改革的过程中，应致力于构建多维课堂，将"红色文化"的育人功能通过多维度课堂的融入，贯彻到新时代大学生思想政治教育的全过程。思政课程改革要坚持不断传承和发扬红色文化，营造出浓厚的高校红色文化氛围，探索出"红色文化+多维课堂"的思政教育模式，以别开生面的思政课堂教学方式引导广大高校学生认清自己的"根"和"魂"，将红色基因深深植根于青年的灵魂深处。

三、高校思政课堂创新路径：以《毛概》课程为个案的探索

浙江财经大学东方学院一直以来秉承把学生培养成社会有用人才的使命和初心，这也是促使学院思政教育工作者在思政课堂实施大胆改革的不竭动力。浙江财经大学东方学院自办学以来，大胆尝试校地共建、合作办学的新路径。思政课堂也依托中共海宁市委宣传部合作平台，并大力挖掘红色资源，如促成与浙江革命烈士纪念馆的合作，主要是为了将红色文化资源融入现实的思政课教学实践当中。其中：一方面，将合作平台的红色文化资源引入思政课堂；另一方面，将思政课堂中的《毛泽东思想和中国特色社会主义理论体系概论》（简称《毛概》）这门基础课由原来的3学分改革成为"2+1"的学分模式，开辟了"思政第二课堂"，形成了合理的学分分配模式。具体是将2个学分分配于传统第一课堂教学，另外抽出1学分作为思政第二课堂拓展学分。根据学院十多年的实践摸索，逐步形成了良好的思政教学思路，极大提升了思政课堂的教学质量，增强了思政课的教学实效。

在"红色文化"价值引领和精神支持下，学院思想政治教育课程创建了"三框架、十维度"的思政教学模式。此外，通过与海宁市委宣传部、

浙江革命烈士纪念馆的合作共建，已经形成了"宣、调、引、听、诵、演、赏、观、言、赛"十个维度的思政课（见图1）。

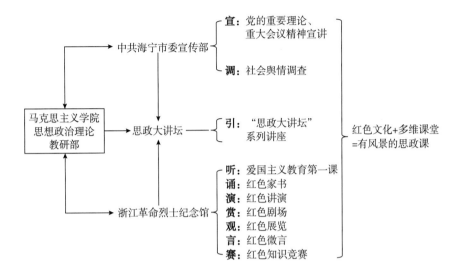

图1　十维度思政课堂体系

（一）构建多维课堂，推进教学创新

东方学院一直致力于构建思政多维课堂，为了让红色文化与《毛概》课程能最大限度地融合，努力实现红色文化教育价值与德育功能的最大化，学院从多角度、多层次、多方面对思政课堂模式改革进行了探索。

（1）框架一。明确第一课堂和第二课堂层次架构，使之互相支撑（见图2）；经过十余载的调研，学院已进一步完善以第二课堂为核心的实践化教学，并将原来的3学分结构拆分为"2+1"学分制组合，其中"2"指将原来的《毛概》（见图2中的第一课堂），这三门课的课堂理论教学时间由每周3学时缩减为每周2学时，余下的"1"学分由分列的实践教学代替，并细化为六大模块："思政大讲堂"系列讲座、"名人名家讲堂"在线学习、社会舆情调查、红色展览进校园、主题微视频展播、"马克思主义学习社"社团活动，通过这六个模块的学生实践项目共同构成"思政第二课堂"实践教学的学分。

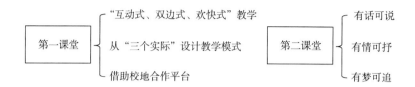

图 2　产教融合、实践支撑

（2）框架二。充分融合校内课堂和校外课堂，实现优势互补；通过创建校外课堂，实现校外校内课堂的有机融合，促进应用型建设转型。目前，学院已通过与海宁市委宣传部、浙江革命烈士纪念馆合作构建红色平台，坚持"请进来"和"走出去"相结合的策略，常态化推进以"思政课第二课堂"为核心的实践化教学改革，助力学生在一个更为开放的情景式环境下运用专业理论知识观察和研究社会实际问题，增强学生研究、分析、解决实际问题的能力。

（3）框架三。丰富线上和线下课堂，加大宣传力度；推动思政理论课混合制课堂教学模式进一步深化，推广实施线上与线下相结合的翻转式教学模式改革，通过网络资源共享平台，对优秀的教学资源加以利用和整合，彻底改变以教师为主体的单向讲授教学方式，全面构建以学生为主体、师生互动的开放式多维教学模式。

（4）"三框架、十维度"。目前思政理论课已经通过构建"三框架、十维度"形成了比较完整的教学体系。十个维度主要是：宣——党的重要理论、重大会议精神宣讲；调——社会舆论调查；引——"思政大讲坛"系列讲座；听——爱国主义教育第一课；诵——红色家书；演——红色讲演；赏——红色剧场；观——红色展览；言——红色微言；赛——红色知识竞赛，以此构建了"红色文化+多维课堂=有风景的思政课"的思政课程模式。

（二）校地合作，产教融合，充分利用红色资源

海宁市委宣传部与浙江财经大学东方学院共建的马克思主义学院，是省内独立学院中首家"政校共建"的合作平台，学院秉持"开放协同"的办学理念，高度重视应用型学科建设与科学研究，并强调科学与人才培养、社会服务之间的良性互动。在此平台基础上，学院还与浙江革命烈士纪念馆共建浙江财经大学东方学院思想政治理论教学科研基地暨东方学院爱国主义教育基地，充分利用革命纪念馆等红色资源，并将其融入到思政

课的教育教学之中。思政课堂通过产教融合的育人平台，积极引导学生关注时政，聚焦社会热点，以多方融合、多样形式作为教育途径，培养真正爱国、爱党、爱人民，有着强烈民族情怀和社会责任感的高素质应用型人才。

在既有合作平台（浙江财经大学东方学院与浙江革命烈士纪念馆共建的"爱国主义教育基地暨思想政治理论科学学科科研基地"和海宁市委宣传部）的基础上，借助平台的资源助力红色文化融入思政课教学，通过组织红色课题学习小组形式加强学生参与，并且邀请外来专家指导进行红色史迹、红色案例编写活动，把思政教学与实践紧密地结合起来，本着"发掘历史背后鲜为人知的红色记忆"的理念，在专家的指导下完成对某一特定时代的个体、群像等历史的回顾和探究。在此过程中，教师在指导教学中不断提高，学生的主观能动性也充分调动起来，教师和学生的潜能都得到最大程度的发挥，取得了传统单一课堂教学无法达到的效果。

校地合作一直致力于建立红色文化资源大数据库，为用好用活基地和搞好学术研究打下了坚实的基础，同时也汇集了一批高质量的学术研究成果，试图把基地建设成为省级重点智库之一，构建区域红色品牌活动。除此之外，校地合作还致力于构建爱国主义教育基地专门数据库和智库型研究团队，努力打造"华东红色文化传承研究"的"浙江品牌"。目前，学院以校地多方合作共建平台为依托，积极组织落实开展各种形式的红色文化学习活动，顺利完成了思政第二课堂的工作，并且圆满完成了思政课堂的教学改革和落实，不断创新思政课堂形式、改革教学实践，通过总结活动经验，不断充实十维度的内容。例如，①在红色家书这一品牌项目中：以中共浙江省委党史和文献研究室、浙江电子音像出版社中宣部2019年主题出版重点出版物《红色家书》为范本开展"一封家书映初心"红色家书诵读活动；通过"诵读红色家书，共话青春使命"给浙江烈士回信征文暨诵读会活动，教育大学生认清自己的"根"和"魂"，让红色基因深深植根于青年的灵魂深处，进一步激励学生把个人的成长和实现中华民族伟大复兴的中国梦紧密联系在一起。②在红色讲演这一品牌项目中，创建有风景的思政课，通过"浸入式"的学习方式，巧妙地把思政小课堂和社会大课堂结合起来，增强思政课的亲和力、吸引力和感染力。

此外，在思政课堂教学中，新的教学模式采用了课堂讲授、讨论、辩论、红色文化主题演讲、课件展示、手工作品展示、红色影视赏析等多种形式的教学方法。通过深入挖掘红色文化的核心价值，汲取中华传统优秀文化的思想精华和道德精髓，秉承把红色资源利用好、把红色传统发扬好、把红色基因传承好的职责和使命，学院的思政教学自觉服务于我国"两个一百年"战略目标的实现，服务于省委、省政府建设美丽浙江的战略布局，为海宁市、嘉兴市乃至浙江省的精神文明建设和爱国主义教育，特别是为新时代中国特色社会主义文化建设与发展，作出了应有的努力和贡献。

（三）聚焦课堂，多元考核，实现教学相长

学院一直努力促进思政课堂多维评价，引导学生多元发展，提高《毛概》课程的实效性。《毛概》课是一门理论性非常强的课程，具有内容丰富、逻辑性强、原理多、理论性和抽象性较强等特点，课程考核办法是实现课程教学的重要组成部分，对教与学起着极为重要的导向、激励、调控作用。

学院课程考核成绩是由第一课堂和第二课堂成绩组合而成，两者均为合格才算通过考核。课程考核内容包括：过程性考核和期末考核相结合；教师评价、学生自评和学生相评相结合。第一课堂成绩由过程性考核成绩（40%）和期末成绩（60%）所体现。过程性考核是通过考试方式（半开卷形式）、考核考评办法（翻转校园）、课堂管理办法（云班课）、实践教学内容（第二课堂）、撰写学习心得等考试方式所体现。第二课堂是采取全方位考核的模式，全方位考核包括"思政大讲堂"系列讲座、"名人名家讲堂"在线学习、社会舆情调查、红色展览进校园、主题微视频展播、"马克思主义学习社"社团活动等形式，以上内容均考核合格，方可获得第二课堂成绩。

这种多元考核形式增强了思政课程的针对性和实现性，提高了考试的灵活性。它不仅有利于学生从重视学习结果转向重视学习、成长过程导向，而且能较真实全面地反映学生的思想动态、学习能力和效果，更有利于培养学生的创新精神和批判精神。另外，这也有利于教师的注意力从关注学生成绩转向着重考查学生真实所学、所思、所感、所用及所悟，转向关注学生如何将理论与实践相结合，转向怎样提升学生综合能力及素养上来，这对于加强思想政治教育教学实效显得十分重要。

（四）多维思政课堂创新效果及反思

1. 课程教学效果显著

红色文化资源的价值发挥，要依靠"三框架、十维度"的多维思政课

堂。因此，学院在教学实践中做了大胆尝试和探索，通过积极打造多维度思政第二课堂，强化了红色文化资源的传承。

其中，通过实行"量化+质性"的双重评价系统，增强了课程发展改革的效果。在此次评价中，学生普遍表示，多维课堂能够积极调动学生的自主参与性，使学生有了更多交流表达的机会。

2. 实践成效突出

在教师层面，多维课堂模式提高了教师的学习热情。要让青年学生认可、接受和尊崇习近平新时代中国特色社会主义思想，就必须在理论课堂上讲清楚、讲明白、讲透彻。为达到这一目标，就需要教师不断地去学习，去创新课堂模式。另外，实行多维课堂模式创新，也促使教师借助新型网络媒体技术进行教学，切实增强了思政课堂教学的时代感和吸引力。教师主动对接大数据、人工智能、5G 网络等新兴技术，在提升课堂教学的吸引力和时代性的同时，也促使习近平新时代中国特色社会主义思想以及红色文化能够优质且高效地进课堂。

就学生层面而言，学生对于课堂教学形式的评价给予了较高的认可度，这表明多维思政课堂模式比传统单一课堂更能获得学生的积极认可。

如表 1 所示，学生对课程教学给予积极评价：课程创新度高，对知识点更好的理解（98%）；课程设置合理，目标明确（98%）；本课程时间分配合理（96%）；本课程完全达到我对《毛概》课程的预期（96%）。由此可见，参与课堂学习的学生对课程是满意的，并且多数学生表示对红色文化的学习也更加深刻。同时，这种教学评价模式也能够加深师生之间的交流，既能够避免教师急于求成将教学内容生搬硬套地教授给学生，又避免了教师的重复劳动，因而能够提高课堂教学的效率。

表 1 课程教学内容评价结果 单位：%

课程教学内容评价	非常满意	满意	中立	不满意	非常不满意
课程创新度高，对知识点更好的理解	72	26	2	0	0
课程设置合理，目标明确	60	38	2	0	0
本课程时间分配合理	64	32	4	0	0
本课程完全达到我对《毛概》课程的预期	76	20	4	0	0

《毛概》课，侧重于让学生系统掌握毛泽东思想和中国特色社会主义

理论体系的基本原理，主要是培养批判思维、科学精神以及实践创新能力。要培养这些能力，最主要的就是增强课堂对学生的吸引力，提高学生主动思考的积极性。对学生在课堂上自主参与性的调查结果显示，绝大多数学生对于课堂的参与度有所提高。不仅如此，积极开展第一课堂和第二课堂的教学，将红色文化融入其中，形成"线上"和"线下"、"第一"和"第二"、"课堂"和"实践"等多维课堂教学模式，以学生喜闻乐见的形式呈现红色文化，对于学生的吸引力和影响力也有大幅度的提升。

关于学生对思政课程及红色文化的掌握程度，我们通过对比近十年学生思政课程的成绩发现，在学生起点和其他学习条件基本相似的情况下，学生思政成绩有较大提高。这也能从侧面体现出，多维课堂的效果是非常突出的。除了学生成绩有所提高之外，学生在课堂创造力上也有所发展。

思政课堂的整体教学效果也有所提升。课堂教学质量评价的过程分为短期（一年）、中期（四年）、长期（学生就业后）三个阶段。短期课程教学质量评价能够促使每一个教师保证所授课程的质量并保证学生能够获取到相应的知识和技能；中期课程教学质量评价在学生大四毕业时开展，重点在于课程教学内容质量的延续性和发展性评价；长期课程教学质量评价所指向的是一个长期系统的课程教学环节，通过建立毕业生跟踪制度，考察学生在离开学校进入社会后对学校的课程教学是否会有更多的感悟，学校根据已毕业学生的反馈意见对学校整体的思政课程教学做出进一步的优化。另外，学校也尽可能地拓展与用人单位的长期协作关系，及时了解社会的需求，并根据用人单位的意见不断调整思政课程的教学。

红色资源作为思想政治教育的优质教学资源，具有深刻的思想内涵和先进的文化价值，它不仅为思想政治理论课教育教学提供了本源性优质内容，也与思想政治教育教学有着高度契合的价值观导向，因而充分利用红色资源，使之融入到思想政治教育课堂中是当前加强和改善高校思想政治教育教学的重要战略。[①] 如何使红色资源更好地融入到思政课堂，是当今高校需要探索的新问题，而解决这一问题的新路径和新模式就是构建多维课堂，转变传统的教学模式，让红色文化依托多维课堂这一新型教学模式发挥出强大的育人功能。

---

① 占毅.红色资源融入高校思想政治理论课教育教学探究［J］.思想教育研究，2016，258（1）：108-111.

参考文献

［1］习近平．贯彻全军政治工作会议精神　扎实推进依法治军从严治军［N］．人民日报，2014-12-16．

［2］钱海兵，黄勇其，李亚烽，等．多维课堂教学模式提升高校教学质量作用探析［J］．中国中医药现代远程教育，2018，16（22）：20-22．

［3］姬立玲．新媒体环境下高校思政课教学方法创新探究［J］．思想教育研究，2016，267（10）：82-85．

［4］黄蓉生，丁玉峰．习近平红色文化论述的思想政治教育价值探析［J］．思想教育研究，2018，291（9）：3-8．

［5］习近平谈治国理政（第2卷）［M］．北京：外文出版社，2017．

［6］占毅．红色资源融入高校思想政治理论课教育教学探究［J］．思想教育研究，2016，258（1）：108-111．

《社会保障学》混合式教学探索与实践

夏 磊[*]

摘要 教育部自"双万计划"实施以来,"金课"已经成为当前我国高等教育改革关键词之一,高等教育已经从规模扩张转向内涵式发展,高校的课程与教学需要落实以质量为核心的升华和变革,与此同时随着互联网信息技术的高速发展,以及新冠肺炎疫情以来人们对于线上教学模式的不断摸索尝试,互联网对于教育的影响也越来越大,在新的时代背景和趋势下,对于课堂教学改革和创新提出了新的要求。社会保障专业以此为契机,结合新冠肺炎疫情防控期间线上教学成效,以及专业应用型建设的实际内在需要,继续推动课程建设与应用共享,借鉴一流本科课程的示范引领作用,在《社会保障学》的教学实践中,转变教学方法和理念,积极地将"互联网+""混合式""理论+实训"等理念融入到课程教学当中,探索适应时代趋势和背景的课程应用型建设新模式。

关键词 混合式;"互联网+";实践实训

一、《社会保障学》课程建设背景

教育部自"双万计划"实施以来,在"金课"建设引领下,以提质为核心高校的课程改革,随着互联网信息技术的兴起,课堂教学改革的不断推进,有别于传统教学的线上教学发展非常迅速,特别是自新冠肺炎疫情以来,线上教学已经逐渐成为许多学校课堂教学中的重要部分。近些年

---

　　* 作者简介:夏磊,浙江财经大学东方学院讲师。

"互联网+"理念的兴起，各行各业发生了翻天覆地的变化，与此同时各种"互联网+"教育教学平台也应运而生，使传统的课堂教学在融合"互联网+"理念有了新的发展和突破。

"互联网+"在线教学虽然有着丰富的多媒体资源、便捷的互动交流方式、资源的可及性等优势，但在教学实践过程中又很难脱离或完全替代教师的课堂教学，因为缺少老师的深度参与，在线本身所具有的优势很难发挥，学习的效果并没有预期中的好，与此同时社会保障专业特性决定了重实践应用，在实际的课程教学组织中很难体现。所以，传统的课堂嵌入实践实训基础上融合"互联网+"的线上线下混合教学模式成为发挥线上和下线教学优势的新尝试，这种混合教学模式既要发挥教师引导、启发、监控教学过程的主导作用，又要充分体现学生作为学习过程主体的主动性、积极性与创造性。充分利用在线教学、实训教学和课堂教学的优势互补来提高学生的认知效果，强调的是在恰当的时间应用合适的学习技术达到最好的学习目标。

二、课程内容的重构

（一）课程的基本情况及问题

1. 基本情况

《社会保障学》课程是劳动与社会保障专业、劳动经济专业、人力资源管理专业等基础课，也可作为行政管理、劳动关系、公共事业管理、社会工作、保险学等的专业课。这门课主要包括社会保障基本理论（第一章至第四章）和社会保障实践（第五章至第十二章）两个方面的内容。本文所探讨的课程主要面向社会保障专业学生开设的专业必修课程（见表1）。

表1 《社会保障学》课程基本信息

项目	详情
课程性质	专业选必修课

续表

项目	详情
课程学时	48学时（16周）
课程学分	3学分
课程学期	第三学期
课程教材	郑功成：《社会保障学》。马工程：《社会保障概论》
先修课程	公共管理
适用专业	社会保障、劳动关系等

2. 实际问题

《社会保障学》是社会保障专业应用型建设的重点课程之一，无论是专业本身，还是在课程的实际教学中，实践教学方面都有较为迫切的应用型改革需求。因此，在课程之前的教学过程融入"互联网+"的线上线下混合教学的同时，不断地强化实践教学内容：一是通过传统的参观、走访、业师进课堂等形式开展，但存在可操作性差、学生参与度低、覆盖面窄等问题；二是对课程设置一定的实践学分，存在随意性、不成体系、系统性差等问题；三是课程依托学院其他专业开设的综合实（验）训课程，但不是以本专业核心知识体系为出发点，仅仅是能力的拓展，专业性不强。总体来看，实践性教学还没有做到与企业和社会的紧密结合，多半还处于封闭状态，操作方法多以老师讲解示范为主。因此，在实践教学方面逐步由"封闭式"走向"开放式"，主动与社会和企业"牵手"成为迫切需求。

（二）课程内容编排

1. 纵向重构（线上+线下）

在课程内容的编排上，以适应线上线下混合式的教学为前提，因此对原有的课程内容做了纵向的线上和线下教学内容重新安排（见表2），基本上做到线上与线下内容协同进行，逐步推进。

表 2 　《社会保障学》教学内容及线上融入

章节	教学内容（线下）	授课学时	教学内容（线上）
第一章	绪论	3	合作秩序与国家公器：初识社会保障
第二章	社会保障制度的发展	4	公民权利与国家治理：社会保障的前世今生
第三章	社会保障体系与模式	5	全球社会保障制度概览
第四章	社会保障的立法与管理	5	社会保障经办管理与基金运营
第五章	养老保险	5	老有所养：代际更替稳固安全的养老保险
第六章	医疗保险	5	病有所医：化解疾病健康风险的医疗保险
第七章	失业保险	4	业有所属：分担失业风险的就业保障
第八章	工伤保险	4	伤有所偿：分担因工伤残责任的工伤保险
第九章	社会救助	4	扶危济困与普适共济：作为兜底性保障的社会救助
第十章	社会福利	4	民生福祉与普惠共享：作为叠加性保障的社会福利
第十一章	社会优抚	3	
第十二章	补充保障	3	民生福祉与普惠共享：作为叠加性保障的社会福利
合计		48	

注：线上内容主要来源于中国大学慕课平台的西北大学《社会保障学》课程的安排。

2. 横向重构（理论+实训+思政）

课程纵向重构的同时，积极地在横向上拓展课程的广度与深度，嵌入了本专业综合实训的内容，因此内容在课程横向上重新做了安排，在课程建设中与上海逸景科技公司的协同育人合作项目，通过智能虚拟仿真的技术手段实现实例情境、多媒体素材等灵活应用，将劳动与社会保障专业实训建设嵌入课程《社会保障学》的教学中（见表3），理论和实践相融合，提升学生的积极性和学习效果。

表 3 　《社会保障学》教学内容及实训嵌入点

章节	教学内容	授课学时	课程相关实训嵌入点
第一章	绪论	3	
第二章	社会保障制度的发展	4	
第三章	社会保障体系与模式	5	

续表

章节	教学内容	授课学时	课程相关实训嵌入点
第四章	社会保障的立法与管理	5	社会保障实训： ①社会保险登记与缴费实训； ②社会保险个人账户管理实训； ③社会保险待遇给付实训
第五章	养老保险	5	
第六章	医疗保险	5	
第七章	失业保险	4	
第八章	工伤保险	4	
第九章	社会救助	4	社会救助和社会福利实训等（待开发）
第十章	社会福利	4	
第十一章	社会优抚	3	
第十二章	补充保障	3	
合计		48	

社会保障是民生之本，关系着每个人、每个家庭的福祉，社会保障也是社会稳定器，关系国家长治久安，是社会主义和谐社会建设的重要保证。因此《社会保障学》本身就具有很强的思政属性。该课程涉及社会保障的发展、社会保障体系建设、养老保障、医疗保障、低保制度、灾害救助、社会优抚、慈善公益等内容都具有思政元素可以发掘。目前，已经结合课程已有资源，初步发掘梳理编排融入了若干思政要素（见表4）。

表4　《社会保障学》课程思政元素

序号	教学内容概述	课程思政育人目标	教学方法
1	绪论	树立社会主义核心价值观	讲授
2	社会保障制度的发展	"中国自信"的爱国主义教育	专题研讨
3	社会保障的立法与管理	社会服务与参与意识	实践操作
4	养老保险	尊老爱老的传统美德	任务驱动
5	医疗保险	健康中国	任务驱动
6	失业保险	爱岗敬业	讲授
7	社会救助	团结无私奉献的精神	讲授

三、教学方法的创新

（一）纵向：线上线下混合教学

虽然课程的教学内容与传统的教学基本一致，但课堂的教学设计、教学方式都会有较大的调整。课程教学的过程中主要以依托"互联网+"背景下的线上和线下混合式教学为主要手段，借助目前教学过程中比较受欢迎的"云班课"互联网平台进行基本的线上与线下混合教学（见图1）。线上主要通过自主学习，解决学生对基础知识进行了解和掌握，并辅助设计好的主客观试题和答疑，了解基本学习效果；线下重点对线上课程进一步地讲解、答疑、延伸、拓展和探讨，并结合云班课上的活动设计，进行互动和巩固。通过云班课教学工具平台中的签到、课堂表现、成员、活动、报告等模块功能，基本解决上大班教学中管控和互动问题，通过教学资源上传，解决反复学习观看自主学习问题。

图1 云班课《社会保障学》线上课程

资料来源：云班课课程设计展示，网址：https://jk.mosoteach.cn/#/5351。

课前、课中、课后三个环节主要借助教学多媒体设备及云班课平台，来进行线上和线下的互动教学（见图2）。根据本课程的特点，主要依托云班课平台结合中国大学慕课平台相关课程资源制作了《社会保障学》在线课程。教学的组织形式为线上学生自主学习［含视听、测试（主客观）、讨论、头脑风暴、答疑等］，线下教师引导学习（重点讲解、答疑、延伸、探讨、互动等）。其中"课前预备导学"中上传的资源主要通过云班课平台，上传至云班课资源模块，主要包括：每次课程章节PPT课件、课程章节相关的网页链接、视频、图片、电子书等内容。根据课程进程可选择适时发布给学生；发布预习问题，可以是章节主题相关的头脑风暴、讨论或者投票问卷等；章节题库更新，主要是将章节涉及的知识点，设计成题目，以客观题为主，上传到云班课课程对应的章节题库。"课中互动学习"主要以教师讲解为主，同时利用云班课程中的课堂表现、头脑风暴、投票问卷等功能，在教学的同时与学生互动；"课下巩固拓展"主要是利用云班课的测试功能，将已上传的题库中相应的章节题目，制作成课后自测复习任务推送给学生，同时利用上传到资源模块的课外知识或拓展阅读拓宽课程学习范围。

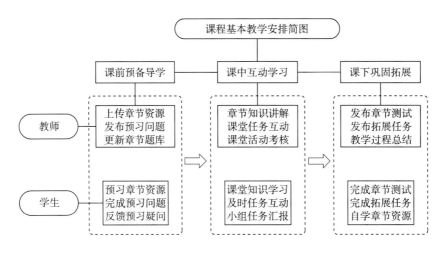

图2　课程教学安排

（二）横向：拓展课程实践教学

《社会保障学》课程虽然理论性较强，但同时具有较强的专业性和实践性。除了课程原有的实践环节以外，积极利用现代信息教育技术创设故事情境，将教学内容通过各种信息技术和信息资源，以实例的方式展现给学生，增加教学过程中的互动性、趣味性、真实性（见图 3 至图 5）。

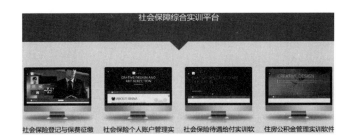

图 3　社会保障综合实训平台（登录界面）

资料来源：详细实训平台信息见平台网址：http：//demo. esimsoft. cn/shbx。

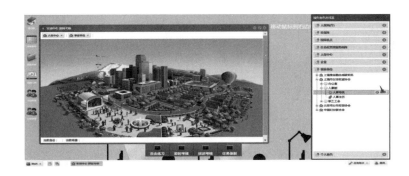

图 4　情景案例仿真模拟操作界面（学生端）

首页　任务管理　任务分配与演示

任务列表

模块列表：全部

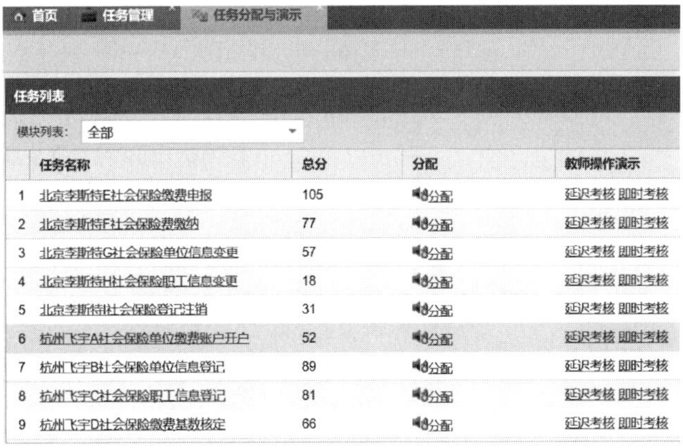

	任务名称	总分	分配	教师操作演示
1	北京李斯特E社会保险缴费申报	105	分配	延迟考核 即时考核
2	北京李斯特F社会保险费缴纳	77	分配	延迟考核 即时考核
3	北京李斯特G社会保险单位信息变更	57	分配	延迟考核 即时考核
4	北京李斯特H社会保险职工信息变更	18	分配	延迟考核 即时考核
5	北京李斯特社会保险登记注销	31	分配	延迟考核 即时考核
6	杭州飞宇A社会保险单位缴费账户开户	52	分配	延迟考核 即时考核
7	杭州飞宇B社会保险单位信息登记	89	分配	延迟考核 即时考核
8	杭州飞宇C社会保险职工信息登记	81	分配	延迟考核 即时考核
9	杭州飞宇D社会保险缴费基数核定	66	分配	延迟考核 即时考核

图 5　社会保障情景案例任务分配界面（教师端）

课程中养老、医疗、工伤等社会保险是社会保障实践的核心环节，虽然课程中涉及几个险种的内容，但是传统的教学中以任课老师讲解为主，虽然包含实践环节设计，但实践的内容受到空间、时间以及软硬件条件的限制，教学环节设置上往往浅尝辄止，实践内容过于零散，不成体系。因此，在课程教学设计中嵌入了社会保障实训的核心三个模块，分别是社会保险登记与缴费实训、社会保险个人账户管理实训、社会保险待遇给付实训（见表5），强化了实践教学环节。

表5 社会保障智能实训内容

主要实训模块	主要实训内容
社会保险登记与缴费实训	1. 缴费账户开户流程 2. 单位信息登记流程 3. 职工信息登记流程 4. 单位信息变更流程 5. 职工信息变更流程 6. 缴费基数核定流程 7. 缴费申报流程 8. 保费缴纳流程 9. 单位账户注销流程
社会保险个人账户管理实训	1. 个人账户记账流程 2. 个人账户对账流程 3. 个人账户转移流程 4. 养老账户启封流程 5. 养老保险接续流程 6. 养老账户封存流程 7. 个人账户一次性补贴流程 8. 养老医疗个人账户对账流程
社会保险待遇给付实训	1. 退休手续办理流程 2. 养老金月报支付流程 3. 退休手续办理流程 4. 因工死亡一次性领取工伤保险待遇核准流程 5. 工伤保险待遇核准流程 6. 工伤认定流程 7. 因工死亡保险待遇核准流程 8. 失业保险金待遇申报流程 9. 养者金月报支付流程 10. 生育保险手工报销流程 11. 生育津贴申领流程 12. 医疗手工报销流程 13. 生育保险实时结算流程 14. 医保实时报销流程

四、教学环境的创设

（一）软件环境建设

在软件方面，主要包括了课程依托使用的平台和软件，以及课程开展过程中使用的教学视频、课程资源库、试题库等（见表6）。

表6　课程软件环境建设

项目	资源/环境
线上平台	云班课：社会保障学
实践平台	社会保障综合实训平台
线上视频	中国大学慕课平台的西北大学《社会保障学》课程
案例建设	《社会保障学》案例集
题库建设	《社会保障学》试题集
校外导师	社保部门及企业专业人员

（二）硬件环境建设

建立标准化、智能一体化的实训（实验）教师室。对实（验）训教室的服务器端和客户端的硬件根据实际需求进行统一标准的配置，有专门的智慧教室和实训（实验）教室保证实训课程教学开展（见图6至图9）。老师可通过实训软件类联机网络访问整个模拟环境，与校园的内部网络相连，学生也可以随时通过网址进行访问，也可以在移动终端上初步进行一些操作。

图 6　智慧教室（1）

图 7　智慧教室（2）

图 8　实训（实验）教室（1）

图 9　实训（实验）教室（2）

五、教学评价的改革

（一）考核方式

本课程的考核综合学生在整个教学过程中的表现评价，包括学生的出勤情况、学习态度、课程教学项目的完成情况、理论知识考核等。课程结束后总评成绩将学习过程和学习结果结合起来综合评定，改变传统单一的书面考核形式。课程过程性的综合评价方式最终成绩形成包括：线上为主的平时成绩（50%）+线下为主的实践和期末（50%）（见表7）。其中：平时成绩主要是依托云班课平台，进行线上学习和互动的考核。实践和期末成绩主要以线下成绩考核为主。

表 7　课程过程性的综合评价

线上成绩				线下成绩	
视频	测试	考核	互动	作业（含实践）	期末
10%	10%	20%	10%	20%	30%

续表

备注：

（1）考勤旷课一次平时成绩基数降为50，二次基数为0，三次直接取消考试资格。考勤不单独计算分值，只作为平时成绩核实基数。请假必须事先说明理由且有依据，并按时完成作业。

（2）作业、互动主要通过教师布置的作业及学习的积极性进行考核（主要通过网络课堂的任务布置和互动，如蓝墨云、雨课堂等，测试：客观题；作业：主观题；互动：头脑风暴+投票+抢答等）作业中包含的实践项目成绩由该课程安排的实践教学成绩组成（具体见教学大纲部分）。

（3）期中考试题型不固定，开卷闭卷均可，视情况而定。

（4）期末考试为闭卷，主要以由单选、多选、判断、名词解释、简答、论述、案例分析、材料分析等题型组成。期末试卷采取题库抽取的方式考核。

（二）学生评教

本课程主动在每次课程结束时进行较为细致的问卷调查与反馈，涉及课程资源、课程模式、课程效果、课程改进等方面的信息收集，并在此基础上对教学情况进行初步的了解分析（见图10），成为课程改进的重要依据参考。

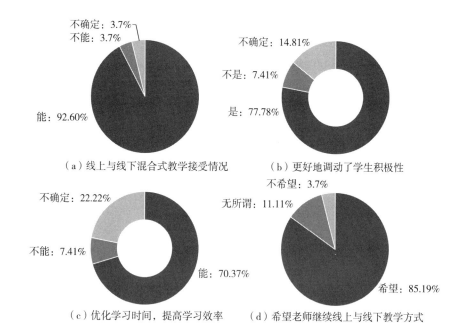

（a）线上与线下混合式教学接受情况　　（b）更好地调动了学生积极性

（c）优化学习时间，提高学习效率　　（d）希望老师继续线上与线下教学方式

图 10　课程问卷调查数据分析图（节选）

六、教学实践感想与反思

（一）线上资源的准备

线上平台需要大量的资源来协调线下的教学，虽然资源线上资源的便捷可及性强，但实际的教学过程中发现并不是越多越好，也不是越丰富高端越好。所有混合教学中的资源都应该基于基本的教学内容，做到经常收集梳理、条理清晰、便于掌握吸收，这些教学资源可以自己制作，也可以整合网络上已有资源，但是资源需要和教学内容协调一致，线上资源推送的时间需要根据教学的进度协调一致，推送的量也要考虑到学生的接受和适应能力。一些课程在大学慕课、学堂在线、好大学在线、腾讯课堂等平台已有精品的在线开放课程，课程从设计到具体资源都相对比较完善，可以很好地借鉴。在实际的教学过程中，很多时候这些资源不会被利用，有些课程鉴于教学改革的要求，才会涉及这些资源的利用，有的自建在线课程，放弃已有的在线精品课程，费时费力，实际使用效果有待商榷。课程需要的一些教学素材，如图片、视频、案例等，平时不太注意收集和整理，用的时候临时寻找，导致素材质量一般，学生反响一般。

（二）线下课堂教学

混合教学线上重在资源，但在资源的整理、设计、利用等同时，对于线下课堂教学也要特别的关注，因为在混合教学模式下，线下的课堂教学也特别的重要，线下的课堂教学往往需要线上的协同，可能会花费大量的时间去录制或剪切视频资源，把很多线下课堂可以完成的任务搬到线上，大量相关的学习资源未经严格的筛选，无差别上传上线等，网上资源整备的过程往往要花费过多的时间和精力，使线下的课堂教学安排过于刻板松散，显得索然无味，效果也不尽如人意。与传统的课堂教学不一样，在混合教学模式下，需要的是线上和线下的协同，一些相对简单、容易掌握、方便管理的资源、活动或任务等可以线上安排，如制作与知识点相关的简要视频、拓展的资源、教学活动管理等。有了线上的铺垫协同，线下课堂上很多内容可以不讲或者简要带过，更多地集中解决相对较难的内容，如课程中的重难知识点、线上学习中的疑难点、小组合作、实践教学、任务展示等。此外，混合教学不仅是不同教学方式途径的混合，而且是教学管理方式的改变和混合，通过课堂教学和网络教学过程中的学习情况观察，能科学合理地把控安排课程的内容和节奏。

（三）课程的混合与翻转

翻转课堂是从流程上颠倒了课程的教学安排，学生提前自主学习以后，教师再针对性地进行教学，突出了以学生为中心的自主学习理念。近些年，其在课堂教学改革中得到推崇和广泛的运用，但同时也对课程资源丰富完整性、学生自主学习的时间、学生个人的学习能力和自觉性等方面提出了更高的要求。虽然欧美一些发达国家在翻转课堂教学上有着比较成熟的实践经验，但是并没有被广泛地运用。在现实的课堂教学中，翻转课堂大规模地推广与应用也很难实现。在做混合式教学的时候，很多人常常将翻转课堂与混合教学混为一谈，甚至认为概念可以互相指代。混合教学更多的是将传统的课堂与在线教学结合起来的一种模式，与翻转课堂的概念有着非常大的区别，以两种教学方式的互补，来实现教学效果的提升。因此，翻转课堂可以作为混合教学实施过程中的选项，如小组汇报、知识点分享、互助释疑等，但并不是混合教学的唯一选项，所以在进行混合教学改革的过程中，要特别注意厘清两者之间的关系。

（四）课程的考核

课程的考核机制是一门课程非常重要的一个闭环，传统的考核更加注重课程最终的考核，而融合了互联网教学平台的混合教学，更加注重过程性的考核。在过程性的考核过程中，必然会考虑到课程多个环节在课程最终成绩中的组成以及比重，如依托云班课的考勤、课堂的表现、小组的作业、随堂作业、小组的汇报、课堂的互动等，但在具体的操作过程中也会有一些问题，比如：课堂表现需要学生积极举手回答，但是由于性格差异，这个环节中比较内向的同学不太会有得高分的机会；课程小组作业或汇报设置的目的是互相协作共同完成任务，但"搭便车"的情况经常存在；随堂作业或是课后作业通过平台可以提交电子作业材料，从实际的效果来看，作业的质量和作业及时完成情况都较好，但是容错率高，很多客观选择题的回答，没有实现完成视频自主学习，而是在试错的过程中获得正确答案，具体的主观作业内容有很多存在抄袭的嫌疑，且线上的这种教学更方便抄袭。就课程最终考核班级的成绩来看，在实施线上线下多媒体混合教学后整体成绩较实施前的确提高了，但是诸如前面所述，考核的有效性还存在质疑。

参考文献

［1］邱开金．从思政课程到课程思政，路该怎样走［J］．中国教育报，2017（10）．

［2］罗映红．高校混合式教学模式构建与实践探索［J］．高教探索，2019（12）．

［3］杨树元，刘芳．基于移动云平台的高校混合式教学的实践探索［J］．搞教学刊，2020（16）．

［4］曹月盈．基于多平台协同的混合式线上教学实践探究［J］．山西青年，2021（13）．

［5］朱晓红．基于翻转课堂的项目式学习探索与实践：以"社会保障学"课程为例［J］．教育教学论坛，2021（37）．